启秀文库

孙官学◎主编

三十六计

佚名◎著　易胜◎译注

朝華出版社
BLOSSOM PRESS

图书在版编目（CIP）数据

三十六计 / 佚名著 ; 易胜译注 . -- 北京 : 朝华出版社 , 2024. 8. -- (启秀文库 / 孙宜学主编).
ISBN 978-7-5054-5485-9

Ⅰ . E892.2

中国国家版本馆 CIP 数据核字第 2024H01D85 号

三十六计

佚名　著
易胜　译注

选题策划　黄明陆　李金水
责任编辑　韩丽群
责任印制　陆竞赢　訾　坤

出版发行　朝华出版社
社　　址　北京市西城区百万庄大街 24 号　　邮政编码　100037
订购电话　（010）68996522
传　　真　（010）88415258
联系版权　zhbq@cicg.org.cn
网　　址　http://zhcb.cicg.org.cn
印　　刷　三河市龙大印装有限公司
经　　销　全国新华书店
开　　本　920mm × 1260mm　1/16　　字　　数　154 千
印　　张　13
版　　次　2024 年 8 月第 1 版　　2024 年 8 月第 1 次印刷
装　　别　精
书　　号　ISBN 978-7-5054-5485-9
定　　价　36.00 元

“启秀文库”编委会

总序

中国传统文化经典作品是中国智慧的结晶和集中体现，源于中国人的生存智慧、生命智慧，是一代代中国人对天地万物、时序经纬的心灵感悟和提炼总结，已成为人类精神文明的宝贵财富。至今，这些作品仍能释日常生活之惑、解亘古变化之谜，为世界的未来提供中国范式。

中国和世界需要既包蕴中国传统文化精髓，又能真实反映新时代中国文化新发展、新概念的中国传统文化经典著作，这样的著作应具备以下特点：

1. 兼具知识的广度与理论的深度。能撷取中华优秀传统文化的精华，体现中国人的思维方式和中国文化特质，同时具有内在的理论逻辑，集知识性、系统性、科学性于一体。

2. 兼具学术的高度和历史的维度。能讲清楚“何谓‘文’”“何谓‘化’”和“何谓‘文化’”，并立足于中国和世界文化发展史，以中国传统文化典籍为历史线索，阐释、勾勒出中国文化发展历史的昨天、今天和明天。引导读者通过中国文化内涵的特殊性和普适性元素了解中国文化如何不断推陈出新，中国智慧如何不断博观约取、吐故纳新。

3. 兼具精准的角度和客观的态度。能基于读者的客观诉求、阅读习惯和审美习惯，充分发掘和利用中国的地域、经济和文化特点，全面深入研究中国文化资源，保证经典著作能“贴近不同区域、不同国家、不同群体受众”，更直接有效地“推进中国故事和中国声音的全球化表达、区域化表达、分众化表达”。

4. 兼具多元的维度与开放的幅度。能基于世界阅读中国的目标，从中外文化互鉴视角，成为世界文化多维度交流互鉴的载体和可持续阐释的源文本。

我们选编这套“启秀文库”，即因此，并为此。中国人阅读这些作品，可以学会更好地生活；外国人阅读这些作品，可以了解和理解中国人的美好生活是一种什么样的历史形态。中外读者共同汲取其中的智慧，可以知道如何建设一个和谐美丽的世界，以及未来的世界会如何美好。

伟大的经典作品，都是为了将日常的生活变得更加美好。在建设“人类命运共同体”的今天，中国文化的精神滋养不应只培育中华民族子孙的天下情怀，还应引导世界人民学会欣赏中国之美、中国之魂、中国之根，在促使世界更深刻理解中国的历史和当代的同时，实现不同民族文化的和谐相处、共生共进。

在中华民族开启向第二个百年奋斗目标进军的新征程之际，中国文化发展也必将进入一个新阶段。这套丛书的时代价值，在于其将“中华文化感召力、中国形象亲和力、中国话语说服力、国际舆论引导力”融入编写、注释和诠释的全过程，从而使传统文化经典作品更能适应新时代，更有能力承载与传播中华文化精髓，向世界讲好中国故事。

孙宜学

2024 年 7 月

于同济大学

前言

《三十六计》是我国古代一部讲述战争谋略的兵书，对我国古代的斗争经验和军事思想进行了概括和总结，其所体现的朴素的军事辩证法和所叙述的切实可行的谋略计策，使之成为古代兵家行军作战的决胜宝典，对后世影响深远。

流传至今的《三十六计》为何人所作，尚待考证。然而，这并不妨碍今人解读、吸取这本书的精华。书中所蕴含的兵法中的攻防、奇正、刚柔、彼己、主客、劳逸等对立关系的互相转化的法则，充分体现了朴素的唯物论和辩证法思想，具有进步意义。

当然，时至今日，战争的武器、战争的原则、战争的破坏性以及各国之间错综复杂的利益关系等，已经与古代相去甚远，《三十六计》的某些论述在今天看来不一定完全科学或者不一定实用，然而它所蕴含的思想策略仍有许多可供借鉴之处。

《三十六计》被广泛运用于军事领域，但实际上只要潜心研读，结合自身经验对照思考就会发现，它讲的不仅是行军打仗，其实也是在讲政治、经济、日常生活中的人际交往。诚然，这些解读非作者的本意，可是事物是普遍联系的，万事万物都有相通之处，我们不妨做一下思维迁移，在阅读《三十六计》时，于一个个令人拍案叫绝的计谋中，提炼出处世的黄金法则，参悟出人生的点滴智慧。倘能如此，《三十六计》的内涵便更加深广，所能奉献给大家的也会更多。

本书重点突出实用功能，其中既有权威原著，又有通俗译评，同时精心选择具有代表性的案例，从军事谋略、处世智慧等方面将原著中的精华重新解析、阐释。本书兼具实用性和典藏性，能让大家从中领悟到智慧和哲理。

书中难免存在疏漏，敬请批评指正！

编者

2024 年 4 月

目录

原 序

原文

用兵如孙子[1]，策谋三十六[2]。

六六三十六，数中有术，术中有数[3]。阴阳燮[4]理，机[5]在其中。机不可设，设则不中。

注释

①孙子：指孙武。孙武，字长卿，春秋时期齐国人，著名军事家，所著《孙子兵法》备受后世兵法家推崇，被誉为“兵学圣典”，孙武也被后人尊称为孙子、兵圣、百世后家之师、东方兵学的鼻祖。

②策谋三十六：指三十六个计谋。

③数：气数，指客观规律。术：方法、手段、计谋、策略，指主观意识。

④燮：音 xiè，调和、谐和。

⑤机：机变。

译文

用兵打仗就要像孙武那样，要多思考些计谋。

六六三十六，“数”中有“术”，“术”中有“数”。根据阴阳变化的道理去思考，机遇就藏在其中。但机遇不是事先设计的，如果事先设计了机遇，往往是难以实现的。

按语

解语重数不重理。盖理，术语自明；而数，则在言外。若徒知术之为术，而不知术中有数，则数多不应。且诡谋权术，原在事理之中，人情之内。徜事出不经则诡异立见，诧事惑俗而机谋泄矣。或曰，在三十六计中，每六计成为一套，第一套为胜战计，第二套为敌战计，第三套为攻战计，第四套为混战计，第五套为并战计，第六套为败战计。（佚名）

第一计　瞒天过海

此计是一种示假隐真的疑兵法，主要用于战役的伪装，“天”喻指皇帝，原指瞒着皇帝，让他平稳渡海。“瞒天过海”用在兵法上，就是把秘密之计隐藏在公开的行动中，以达到出其不意的效果。

原文

备周则意怠[1]，常见则不疑。阴在阳之内，不在阳之对[2]。太[3]阳，太阴。

注释

①备周则意怠：防备很周密，戒备心反而容易松懈。备，防备。周，周全，周密。意，思想，意识。怠，懈怠，大意。

②阴在阳之内，不在阳之对：隐秘的策略藏匿在公开的行动中，而非在公开事物的对立面。阴，在这里指隐秘的策略。阳，指公开的行动。阴、阳是古代哲学思想中矛盾对立的双方。阴中有阳，阳中有阴；阴的极端是阳，阳的极端是阴。对，相对，相反。

③太：极，极大。

译文

守备严密，常常容易导致思想和意志麻痹；对平时常见的事情就不会产生疑惑以致丧失警惕。奇谋往往隐藏在公开的行动之中，并不和公开行动相矛盾。在公开的行动中常常隐藏着更大的阴谋。

按语

阴谋作为，不能于背时秘处行之。夜半行窃，僻巷杀人，愚俗之行，非谋士之所为也。如：开皇九年（589年），大举伐陈。先是弼请缘江防人，每交代之际，必集历阳，大列旗帜，营幕蔽野。陈人以为大兵至，悉发国中士马，既而知防人交代，其众复散。后以为常，不复设备。及若弼以大军济江，陈人弗之觉也，因袭南徐州，拔之。（佚名）

谋略精解

“瞒天过海”的“瞒”并非此计的最终诉求，而只是达到“过海”目的所用的必要手段。此计的原意是指瞒着“真龙天子”唐太宗，利用船造的房屋做掩饰，让其在不知不觉中渡海，攻打高丽，无形中化解了唐太宗渡海的恐惧。“天”指代对实施者有危险的所有对象，因此“瞒天过海”的引申义是用方法、计谋隐蔽真实的目的和意图，制造公开的假象，使对方失去警戒之心。寓真于假，避开麻烦，渡过难关，进而达到出其不意、出奇制胜的效果。

需要注意的是，这里的隐瞒完全是为了实现某种善意的目的，因此绝对不可以使用恶劣的阴谋。它是计谋，而非小人的伎俩，更不能与那些鸡鸣狗盗之徒的做法相等同。“瞒天过海”的成功取决于它所采取的战略、方针，是有鸿鹄大志之士的谋事之道，称得上妙计。

在战争中，“瞒天过海”是一种示假隐真的疑兵之计。它意在利用人们常见不疑的心理状态进行战役伪装，隐藏军队的集结和进攻企图，从而把握时机，实现预期结果。“瞒天过海”如果应用到商场，可以达到进退自如、左右逢源的境界。然而，以假示真并不意味着商家可以拿假冒伪劣商品欺骗消费者，而是提醒商家，可以在战略部署和策略上多做文章，抢占商机。生活中使用“瞒天过海”，出发点也一定要合理、客观。总之，瞒天过海拒绝各种顽劣行径，否则使用者不仅得不到此计所带来的真实价值，还会反受其害。

当然，一旦有敌人使用“瞒天过海”之计，我们也要采取一些防范措施来应对，以免让自己陷入被动。首先，对任何事物都要透过现象挖掘它的本质。所有的隐藏都不会是完美无缺的，我们完全可以在敌人有异常表现时，提高自己的警觉，并顺着身边的一切反常情况追寻可能隐匿在公开事物里的阴谋。凡事要尽可能“见微知著”，尤其不要放过习以为常的人或事，这样才不会被表面的假象和敌人的假面具所误导，进而努力确定别人的真实意图，防备别人的蒙蔽。其次，要尽早地针对敌人的企图做出反应，制定有效的遏制对策。尤其是当敌人的谋划和行动方向有所变化时，一定要及时做出完备的信息反馈。防微杜渐，切不可视而不见、听而不闻，做到在有利的时机给敌人以反击，以免造成不必要的损失。

兵家活用

“瞒天过海”的本意为瞒着天子，顺利地渡过海洋而达到目的。这一故事原载于《永乐大典·薛仁贵征辽事略》中。

唐太宗亲率30万大军由北路出征，任命张士贵为前线总指挥，不久便攻下了松亭关。之后唐太宗率军向辽东方向进发，途中太宗叹道："看！这辽河之水，从国都长安到此，已经走了五千里了。"过了几天，唐军到了海边，攻下了敌人的寨子。太宗看到一望无际的大海就在眼前，向东则可看见远隔千里的安市（现今辽宁省鞍山市海城市营城村）。太宗说道："为什么不渡海过去呢？"太宗对于未能采纳房玄龄、杜如晦所献的计策感到特别懊悔。

于是唐太宗召集各军指挥官，垂问过海之计谋。敬德说："请垂询张士贵。"唐太宗就把张士贵召来问道："你有什么计策？"张士贵答道："容属下思考。"说完，各路指挥随即散去。

张士贵到寨中便与刘君昂商量，刘君昂说："请问问薛仁贵，说不定他有什么奇计呢！"张士贵把薛仁贵召进帐中，仁贵两手叉腰说道："现在天子为大海所阻，正为攻打安市所遇到的困难而焦虑，属下倒有一计可用，明天就在不让大家看到海的情况之下，渡过千里大海，然后上自天子，下至士卒都让他们平安地登岸，如何？"张士贵立刻紧握仁贵的手说："我带你一起去见天子，把此事说明。"这时薛仁贵在张士贵的耳边说了一席话，张士贵听后甚是高兴。

一天，唐太宗又将各军指挥官召来，再次询问过海之计谋。近臣奏报："附近海上住着一位老人，很希望陛下亲临民家。过海所需的30万人份的军粮也已准备妥当。"

唐太宗非常高兴，就把老人唤进御帐，亲自垂询。不久，唐太宗以及文武百官都被引至海边，众人一看，一万多户的人家都用色彩艳丽的幕布围了起来。老人把唐太宗引至与东方相反的一角，进入一室。这间屋子满挂着帷幕，地上铺着地毯。

太宗落座之后，百官齐向太宗进酒，太宗心情特别愉快。这时，四面有风声吹动，夹着波涛的声音，响似雷鸣。不久，太宗手中的杯子也歪了，身体也摇动起来，而太宗却仍不知这是何故。当大家把帷幕拉开之后，才见窗外是一望无际的大海。唐太宗慌张地问道：“这是哪儿呀？”

张士贵赶紧站起来回答：“这就是臣拟就的过海之计，趁着风势，船上所载的30万大军就可以渡过海去，到达东岸。”

唐太宗再仔细一看，原来自己已经在船上了。

处世活用

我们历来就有“祸从口出”“言多必失”的规诫，提醒我们为人处世不能太过透明，要适当隐瞒自己的品性，否则就会将坏习惯暴露出来，殃及他人。

曾国藩在现代人眼里是一副作风严谨、不善言辞、沉稳木讷的君子形象。但早年的他巧言善变，喜好浮夸，举止疯狂，一点都不遮蔽自己的脾性。只是后来他认识到刚愎自用、炫耀自己而“不善隐瞒”的人，往往会被人抓到把柄，酿成苦果，他才下功夫改正过来。

青年时代的曾国藩直来直去，每日多语，与朋友切磋学问时也总是强言争辩。更有甚者，他还喜欢在暗处议论别人的短长。一次，窦兰泉来访，曾国藩在没有理解好友本意的情况下就大放厥词，最后弄得二人不欢而散，更别说交流心得了。后来陈源兖母亲的寿庆也被曾国藩的不慎言辞弄得十分尴尬，大家不欢而散。曾国藩的言多、自负，经常引发与朋友间的矛盾。偶有不合，他就大发脾气。好友深知他的性格，都不愿相劝，只有陈源兖敢直言。一天，陈源兖到曾家，彼此深谈了很久，曾国藩又口若悬河，大讲对别人的苛望之事。陈源兖见曾国藩依然我行我素，只好把话挑明，希望他改掉那些不好的习惯。

几天之后，曾国藩在家给父亲祝寿，其间又与朋友发生冲究。客人走后，父亲与曾国藩谈起做人之道，希望他尤其注意说话及做事的分寸。曾国藩终于意识到问题有多严重，立即起身前往朋友家中赔礼道歉。此后曾国藩的父亲更是以书信对他诚恳相劝。陈源兖的话和父亲的亲笔信让曾国藩很是触动，但不久曾国藩就旧戏重演。1843 年春节后不久，曾国藩在文昌馆主持湖广籍的举人同学团拜会，于情于理他都应该竭力招待好旧日同窗，但他的怠慢和狂妄，又一次伤害了同学之间的深厚友谊。

此后，曾国藩在检讨自己的同时，又慢慢向另一个极端走去，有意和朋友们越来越疏远。他认为距离反而会增加同学们对他的敬意，但效果并不明显。曾国藩很是困惑，突然像“众叛亲离”一样，无所适从。幸好好友吴廷栋及时开导，让他打消消极的念头，亲力而为，善听劝言，严于律己，让朋友们重新接纳他。

一番努力之后，曾国藩渐渐懂得为人处世的真谛，慢慢成熟起来。他已经完全领悟到“瞒”计对于一个人的重要性，不善瞒者，其过分外露的语言和行动多会伤到别人，而善瞒的人，往往多注意与他人交往时的分寸，更容易受到他人的欢迎和尊重，更容易和他人交流学问、切磋人生、共谋大事，这样的行为利人利己。悟透这个道理，曾国藩才闯过了人生的道道关卡，成就了一番大事业。

第二计　围魏救赵

“围魏救赵”，是我国历史上一个十分成功的战例，它主张对敌方避实就虚，抓住敌方的弱点，使敌方受到牵制，从而用最小的代价去取得最圆满的成功，此乃转化敌我军事地位的迂回战略。

原文

共敌不如分敌①，敌阳不如敌阴②。

注释

①共敌：兵力集中的强敌。分敌：使敌人分散。

②敌阳：敌人的阳刚部分。敌阴：敌军的阴弱部分。

译文

进攻集中的敌军，不如先攻击分散的敌人。打击气势旺盛的敌人，不如打击气势衰弱的敌人。

按语

治兵如治水，锐者避其锋，如导疏；弱者塞其虚，如筑堰。故当齐救赵时，孙子谓田忌曰：“夫解杂乱纠纷者不控拳，救斗者不搏击。批亢捣虚，形格势禁，则自为解耳。”（佚名）

谋略精解

此计适用于敌我力量悬殊之战，对于军事实力几倍、几十倍于自己的敌人，如果采用莽撞、强硬的方式与其一决高下，一定会头破血流、伤亡惨重。在己方处于军力劣势的情况下，最好的方法就是分导引流，找准敌人的薄弱环节、要害部位，避实就虚，全力攻击，或是绕到敌军的后方攻其不备，对其造成威胁和牵制，用最小的代价取得最大的胜利。这是一个可以很好地转换敌我军事地位的迂回战略。

对“围魏救赵”的应用，重在对强大的对手实行避其锋芒的策略，在避免与其发生正面冲突的同时，从侧面对其进行巧妙出击，乘虚而入，势在必得。但应用此计时要严格区分因果及目的，“围魏”是因，“救赵”是果。“围魏”是为了让敌人放弃原来的目标“赵”，反身解救自己“魏”国的危难，这样“赵”就得救了。

不论采取什么方式，如果不能实现“救赵”的结果，“围魏”就没有意义。

“围魏救赵”被广泛应用于军事、政治、经济、职场、处世等领域，为人们解决诸多难题提供了实用、便利的指导方针，效果显著。而要充分挖掘此计的潜在智慧，使之为我们所用，需要注意以下问题。

首先是突破口的选择。选择比“赵”容易进攻的突破口，不仅能鼓舞士气，而且能形成节节胜利之势。如果有多个难易程度相当的突破口，选择对全局影响最大的那个入手，往往可以事半功倍。当然也要确定“魏”一定是敌人的必救之地，否则将徒劳无功，无法救“赵”。其次，采取迂回进攻的策略很重要。不是所有的事情都能一步到位，增加一些中间环节或者转一些弯，就可以将困难化解或者避开困难。最后，一定要绕开敌人的强势之处，直击要害。

向强大的敌人横冲直撞，往往会落得惨败下场，不如巧妙地进攻敌人的薄弱环节，这样不仅可以给敌人以重击，而且可以让自己免受重创，保全实力。

兵家活用

1943 年秋天，为取得第二次世界大战的全面胜利，美国人将战略重点定为有效地抑制日本的侵略。执行这一任务的太平洋舰队司令麦克阿瑟提出，美国距日本较远，大举进攻很难取胜。盲目发动战争，美国的各种消耗也会很大，必须采取更切合实际的办法。

经过一番讨论和详细研究，麦克瑟意识到：日本是沿海国家，维持战争的资源并不丰富。要持续作战，日军势必会想方设法掠夺别国资源，并通过海上运输提供给前线，同时，日本的兵源也是通过海上运输送往世界各地的。由此看来，日本的大动脉在海上，如果切断它的海上运输线，就很容易置日本于死地。于是麦克阿瑟制定了缜密的“绞杀后勤”战略，并且后来一直将此战略作为攻击日本的首要策略。

特鲁克岛是日军在太平洋上的主要海军基地和后勤补给基地，但日军对这个重要岛屿的看守并不严密，只有一支基地部队负责地面警戒，6 名高炮手负责对空警戒，陆海空指挥模式既简陋又混乱。美军在获知这一情况后，很快向第五舰队司令斯普鲁恩斯中将建议：用飞机轰炸特鲁克岛码头、港口、运输船舰及仓库，让日方海军军舰无法靠岸补给，陆军运输也难以发挥优势，由此可以一举攻占该岛。斯普鲁恩斯采纳了这个建议。

1944年2月18日凌晨，美军太平洋远征前进基地空军指挥官胡佛少将指挥100多架飞机飞至特鲁克上空，对准停在港内的20多艘舰艇、34艘运输船投下了几百吨炸弹。日军的所有舰艇、船只瞬间沉入海底。没有物资供给，驻守特鲁克岛的日军弹尽粮绝，全军覆灭。

随后在对付驻菲律宾的日军时，麦克阿瑟采用了同样的“绞杀后勤”战略。强攻，需要25~28个师，约50万兵力。采用“绞杀后勤”战略，不仅出兵减半，还可以减少一半的人员伤亡。1944年9月的一天，当麦克阿瑟获知日军将派遣驻菲律宾宿务港基地的所有飞机参加莱特湾海战，其后方防备必定薄弱的情报后，立即命令第三舰队的航空母舰全面出击，对宿务港基地进行轰炸。此时日军正美美地在舰上午休，当200多架美军飞机抵达时，许多日军还误以为是参加莱特湾海战的日军飞机凯旋。还没来得及胜利欢呼，美军的枪弹、炸弹已经倾盆而下。刹那间，宿务港基地一片火海，叫声连天，血流成河。在港的13艘日军舰艇和11艘大型运输船全部沉入海底。宿务港的遭袭使得日本后勤补给能力受到了致命打击，日军在第二天便组织了两支运输舰队，分别用30架飞机护航，载着必备的作战物资向宿务港基地火速赶来。然而，此次所有的救援部队及物资又被麦克阿瑟指挥的200架战机一举摧毁。至此，日军的海上运输线已经被美军破坏得支离破碎。

此后，为全面推行“绞杀后勤”战略，彻底切断日军的后勤补给，美国陆军第20航空队开始了长达4个半月的“空中布雷”行动，试图对日军进行更彻底的全方位后勤绞杀。美国陆军第20

航空队先后派出1800架次战机实施轰炸，投水雷1.2万多枚，击沉、击伤日军运输船、舰670余艘。日军守岛司令官牛岛中将与11万官兵无计可施，最后横尸荒岛。

军事上有句俗语，即“兵马未动，粮草先行”，可见后勤装备在军队作战中的“咽喉”地位。麦克阿瑟认准“绞杀后勤”战略，巧妙地避开与敌人的正面交锋，以“断绝军资”代替强攻，不仅扼制住了敌人的“咽喉”，让其无法动弹，而且成功地避免了诸多无谓牺牲，保全了实力，可谓深得“围魏救赵”计谋的精髓。

处世活用

生活中，人与人之间难免出现矛盾。在出现家庭矛盾时，双方可能会因为一时之气互不相让，结果往往弄得很不愉快。如果这时候出现一个智慧的调解人，不是单纯地去分析谁对谁错，而是运用迂回之计分散矛盾双方的注意力，减弱争执的扩张之势，矛盾也就容易消解。

方琼（化名）在一家出版社做编辑，由于工作时间灵活，她经常在晚上修改书稿，早上睡懒觉，白天自由活动。婆婆退休之后，她明显感觉到一直以来习惯了的自由受到了极大的控制。婆婆一早就开始忙碌，弄出的声响使方琼无法再享受她的懒觉，此外，她还得殷勤地陪着婆婆聊天，而且无论她干什么都觉得有双眼睛在后面盯着她，这让方琼很不自在。方琼的婆婆在原单位是个干部，由于常年上班，养成了早睡早起的习惯。她平时体谅方琼工作的特殊性，再加上不影响自己的生活，也就没有干涉。可现在她退休了，每天早起为家人做早饭、收拾房间，干完一大堆家务活后还不见儿媳起床，心里总觉得别扭。况且整天在家待着没事干，她也希望能有个人陪她说说话。考虑到婆婆的心理需求，加上担心时间长了会与婆婆产生矛盾，方琼跟丈夫商量：能不能想个办法让婆婆每天早晨出门活动活动？这样既可以丰富老人家的退休生活，又不会打扰到自己。

方琼的丈夫打探一番后终于找到一个两全其美的办法。他们家旁边有一个陶然亭公园，经常有许多老人在早上来这里活动，遛遛弯、打打拳、跳跳舞、下下棋、唱唱歌、唱唱戏，很是热闹。有些老太太还会带着毛线钩针，等活动完了之后找个地方聚在一起互相学习，切磋编织技艺。方琼的丈夫觉得母亲一定会喜欢上这里，于是偷偷为母亲办了张公园月票。母亲拿着月票还有点不情愿，嘴里嘀咕：好多年都没正经逛过公园了，再说一个人多没意思啊！可低头看看手里的月票，又心疼买票的那几十块钱，于是不情不愿地开始去溜达。

开始几天，老人去得早回来得也早，但很快，她就找到了志同道合的同伴，回来得也越来越晚了。后来干脆自己也买了毛线钩针，每天去公园跟别人学习新花样，回家就忙着编织，第二天还带上织好的成果和别人比较，再也没时间和心思找方琼的毛病了。到月底，不用方琼的丈夫惦记，母亲已经早早把下个月的月票换好了。一段时间之后，老人不但给家里每个人都送了一件毛衣，还饶有兴致地表示她会在编织上再接再厉。

从这件事可以看出，两代人由于生活习惯不同，很容易发生矛盾冲突，然而出现矛盾不可怕，可怕的是双方会不自觉地花精力去找对方的缺点，埋怨对方的不是。这样不仅会恶化问题，还势必会伤害彼此的感情，影响以后的生活。如果这时方琼的丈夫贸然相劝，不但不会使问题得到解决，还容易让自己也陷入困境。而他运用“围魏救赵”的计策，避开老人的锋芒，让老人把精力转移到她感兴趣的事情上，既丰富了老人的退休生活，又为妻子解了围，很好地化解了两代人之间的矛盾。

第三计　借刀杀人

此计就是借助别人的力量去消灭自己的敌人，以达到保全自己的目的。

原文

敌已明，友①未定，引友杀敌②，不自出力，以《损》推演。

注释

①友：盟友，可以结盟而借力的人、国家或他物。

②引友杀敌：引诱友军，借助盟友的力量消灭敌人。引，引诱。

译文

敌军的基本情况已经摸清楚了，而盟友却还在犹豫观望，当务之急是设法促使盟友坚定进攻敌军的决心，这样就可以减轻自己的压力。这是从《易经·损卦》“损下益上”的道理中推理出来的。

按语

敌象已露，而另一势力更张，将有所为，便应借此力以毁敌人。如：郑桓公将欲袭郐，先向郐之豪杰、良臣、辨智、果敢之士尽书姓名，择郐之良田赂之，为官爵之名而书之，因为设坛场郭门之处而埋之，衅之以鸡猪，若盟状。郐君以为内难也，而尽杀其良臣。桓公袭郐，遂取之。（《韩非子·内储说下》）

诸葛亮之和吴拒魏，及关羽围樊、襄，曹欲徙都，懿及蒋济说曹曰：“刘备、孙权外亲内疏，关羽得志，权必不愿也。可遣人劝蹑其后，许割江南以封权，则樊围自释。”曹从之，羽遂见擒。（《长短经·格形》）

谋略精解

在战争中，“借刀杀人”是为了保存自己的实力而巧妙利用矛盾的谋略。当敌方动向已明，就要千方百计诱导态度不明朗的友方迅速出兵攻打敌方，以实现自己的意图。如果战胜，自己不用付任何代价；如果战败，自己也不需要承担任何责任。其中的“杀人”不能仅理解为损人利己之事，还可以引申为想要达到的任何目的。

“借刀杀人”，巧在一个“借”字，即利用、借用。所谓“借”，就是借用外部力量来帮助自己。自己缺兵少将，就多借用盟友的力量；直接杀敌有困难，就要设法使用他人的刀枪；资金不足，就要设法利用别人的金钱；缺乏物资，就要千方百计地让别人的物资为已所用；自己的谋略行不通，就要试着采纳他人的智谋。总之，自己难以做到的事情，可以借助他人之手去做，无须亲自动手，便可坐得其利，这便是“借刀杀人”之计的妙用。

当敌人使用“借刀杀人”之计时，可以采取什么样的对策加以防范呢？

首先，一定要时刻“防刀”，以免成为敌人的进攻对象。防患于未然，警觉来自各方面的攻击。一旦发现自己成为目标，一定要及时揭露“借刀之人”的险恶用心，极力劝解被利用的一方尽早醒悟。如果敌人已经形成同盟，要想方设法将他们拆散，不让他们的计谋达成。必要的时候可以对别人的遏制进行果断有力的还击，削弱其气势。

其次，要谨防为敌人做“刀”。杜绝头脑发热、盲目跟风，要善辨是非，这样才不容易被人利用。一旦有攻击别人的想法和计划，就要仔细揣摩行动的理由和目的，不给别人下手的机会。更重要的是，要善于分析行动给敌我双方带来的各自利益，如果认识到“杀人”对自己意义不大，而对敌人却事关重大，就说明已经被敌人利用了，此时应及早醒悟回头，以免造成不可挽回的损失。

兵家活用

元末时，陈友谅手下的勇将赵普胜将朱元璋的爱将俞廷玉杀害。朱元璋心痛万分，决定借陈友谅的手除掉赵普胜。于是，他派出一名说客，潜入安兴城，故意结交赵普胜的门客赵盟。说客竭尽全力，渐渐与赵盟拉近了关系。

一天，说客故意将一封朱元璋写给赵盟的信交给赵普胜，让赵普胜心生疑惑，很快疏远了赵盟。赵盟此后坐卧不安，无奈，只能和说客一起逃到应天归顺了朱元璋。朱元璋格外优待赵盟，赐给他重金，并让他回陈友谅军中散布谣言，将赵普胜的逆反之举大肆宣传。

陈友谅听到传闻后，将信将疑，于是派使臣去赵普胜营中探听虚实。

赵普胜是一个武将，自恃战功，素来对使臣傲慢无礼，对陈友谅也不是很尊重。使臣回到营中，把赵普胜的狂妄自大都汇报给了陈友谅，于是陈友谅亲自率领重兵来到安兴城。赵普胜慌忙前去迎接，却被陈友谅的亲兵一举拿下，赵普胜还没有来得及辩解，就已经身首异处。

朱元璋能够顺利除去赵普胜，得益于他两次妙用“借刀杀人”之计。先是巧妙地借用计谋破坏了赵普胜对门客赵盟的信任，利用赵盟的失意，用谣言中伤赵普胜，成功地破坏了陈友谅和赵普胜的关系，然后借陈友谅之手，杀死了毫无防备的赵普胜。赵普胜在毫不知情的状况下屈死，陈友谅还在为自己及时铲除了叛逆而暗自庆幸。这两个人，一个失去了性命，一个失去了大将，损失惨重，而幕后的策划者朱元璋却在一边坐收渔翁之利，甚是欢喜。

处世活用

唐朝时，史思明以作战勇猛、足智多谋而远近闻名。一次，史思明因欠官府债款走投无路，逃至北边的奚族地区，被一向谨慎的奚族人捉住。奚族人想杀死这个外地人，聪明的史思明一本正经地说：“我是大唐王朝派来与奚王和亲的使者，你们杀了我，就会惹来灭族之祸。”奚王信以为真，马上用贵宾的礼节接待他。奚王害怕唐朝的势力，决定派100人和史思明一起前往朝拜大唐皇帝。史思明对奚王说：“你派去的人虽然不少，但我看大多没什么用，这样的人怎么能去见大唐皇帝呢？我听人说，你手下有一个才华超群的琐高，怎么不让他去呢？”奚王听从史思明的意见，让琐高和他手下的300人跟随史思明去朝拜大唐皇帝。

一行人快到卢平的时候，史思明秘密派人报告卢平守将裴休子：“奚族人派来的精锐将士马上就要到了，他们声称来朝拜天子，实际上是来偷袭卢平，你要做好准备，不等他们动手就先除掉他们。”裴休子信以为真，在奚族人进入卢平后，一举将琐高手下的300人杀了个精光，单单留下了琐高。史思明把琐高押送到幽州节度使张守珪那里。张守珪见奚族人中最勇猛的武将琐高被捉来了，非常高兴，觉得史思明为唐朝立了大功，便立即在给朝廷的奏折中对史思明大加赞赏。此后，史思明被张守珪器重，并在张守珪的保荐下，见到了唐玄宗。唐玄宗赐座给他，称他是世间奇才，并授予他大将军职务。

史思明在与奚族人的斗争中，沉着镇定，急中生智，不仅利用卢平守将裴休子杀死了奚族众士兵，而且精明地献上才智出众的琐高，让节度使张守珪对他刮目相看，从而轻而易举地在朝廷谋得了职位。史思明“借刀杀人”，骗过一行人，不仅保全了性命，还意外获利，可谓深知“借刀杀人”之计的精髓。

第四计　以逸待劳

这是一条养精蓄锐、以守为攻、拖垮敌人的谋略。强敌当前，不一定要用直接进攻的方法，也可以考虑积极防御，慢慢消耗敌人的有生力量，使敌人由强变弱，再等待时机一举消灭敌人。

原文

困敌[①]之势[②]，不以战；损刚益柔[③]。

注释

①困敌：迫使敌人处于困顿。

②势：兵势。

③损刚益柔：在敌我总的力量不变时，敌人由优势变劣势，由主动变被动，我方自然也就由劣势变优势，由被动变主动了。

译文

促使敌军陷入困难的境地，不一定非要采用军事进攻的手段。可以采取《损卦》中“损刚益柔”的道理使敌人由强转弱。

按语

此即制敌之法也。兵书云："凡先处战地而待敌者佚，后处战地而趋战者劳。故善战者，致人而不致于人。"（《孙子·虚实篇》）兵书论敌，此为论势，则其旨非择地以待敌，而在以简驭繁，以不变应变，以小变应大变，以不动应动，以小动应大动，以枢应环也。如：管仲寓军令于内政，实而备之（《史记·管晏列传》）；孙膑于马陵道伏击庞涓（《史记·孙子吴起列传》）；李牧守雁门，久而不战，而实备之，战而大破匈奴（《史记·廉颇蔺相如列传》）。

谋略精解

"以逸待劳"，是指当敌方气焰高涨时，为了避开敌人的锋芒，有力地增强自己的兵力，首先应该主动采取守势，进行积极防御的同时，养精蓄锐，有效地控制敌人，巧妙周旋，调动其在预设的战场上四处奔命，待敌人疲劳混乱、锐气减退，敌我态势发生变化时，迅速转守为攻，乘机出击取胜。此计强调：要想让敌方处于困难的境地，不一定只有进攻之法。关键在于适时地掌握主动权，伺机而动，以不变应万变，以静制动，积极调动敌人，创造决胜机会。所以，此计中的"待"切不可理解为消极被动地等待，相反，它是积极主动的反击准备。

战争是一种"力"的较量，要运用智慧，削弱、限制敌方的力量，增强己方的力量，这样才有取胜的把握。以我方的严整来对待敌人的混乱，以我方的冷静来对待敌人的惶恐。总之，想方设法让敌人长途跋涉，疲于奔命。以自己的从容休整，来对待敌人的筋疲力尽；以自己的物资丰盈来对待敌人的弹尽粮绝。这样，才能战胜敌人。

兵家活用

三国时期，吴国将领陆逊奉孙权之命，掌六郡八十一州，兼荆楚各路军马，抵御蜀军入侵。刘备自虢亭布列军马，直至川口围至夷陵界，接连700里，前后40多个营寨，昼则旌旗蔽日，夜则火光耀天。韩当见蜀军到来，差人报告陆逊。陆逊怕韩当轻举妄动，自己急忙骑马飞奔而来亲自观看，正好看见韩当立马于山上，远望蜀兵漫天遍野而来，军中隐隐有黄罗盖伞。韩当认为军中定有刘备，就要出兵攻击。这时，陆逊却劝说道："刘备举兵东下，连胜十余阵，锐气正盛，今只乘高守险，不可轻出，出则不利。但宜奖励将士，广布守御之策，以观察他的变化，而今对方驰骋于平原旷野之间，自己正在得意之时，我们坚守不出，对方必定移兵于山林树木之间，到时，我们再施奇计战胜他们。"

刘备见吴国军队不出击，心中焦躁不安。马良劝道："陆逊是深有谋略之人，现如今陛下远征来攻战，从春到夏，他们不出兵，是想观看我军的变化。请陛下探察后再做决定。"刘备说："他有什么谋略？只是胆怯之辈。以往多次战败，现如今怎敢出兵？"此时，先锋冯习说："今天天气炎热，军队停留于火热之中，用水极其不便。"刘备随即命令各营均转移到树木茂盛的山林之地和靠近淡水山涧的地方，等夏天过去再拼力举兵进攻。马良又说："如果我军一行动，吴兵就突然袭击，我们怎么办？"刘备说："我命令吴班引领万余弱兵进驻吴寨平地；我自己亲自选精兵8000人埋伏在山谷中，如果陆逊发现我军移营，必定乘势来袭击，我们就令吴班诈败，陆逊要是来追击，我则领兵突然出击，断其归路，这样陆逊就可被擒获了。"文武官员均赞道："陛下神机妙算，诸臣都赶不上啊！"

韩当、周泰得知刘备移兵至阴凉的山林之中，急忙来报告陆逊，陆逊大喜。就亲自领兵来察看动静。但见平地聚集不到1万人，大多数都是老弱病残者，旌旗上写着几个大字："先锋吴班"。周泰说："吾视此等兵如儿戏耳。愿同韩将军分两路击之。如若不胜，甘当军令。"陆逊观察一番后指着另一处道："前面山谷中隐隐约约有杀气，一定有兵埋伏，故意在平地设下这些弱兵，用来诱惑我军。诸位切不可出兵。"

不久，只见蜀兵全副武装，护拥着刘备而来。吴兵见了，全都胆战心惊。陆逊说："我之所以没听诸位出兵之言，正是因为这个。今伏兵已经出洞，10 天之内必定攻破蜀兵。"诸将都说："破蜀应当在开始的时候，现在蜀军连营五六百里，坚守了七八个月，各要害之处都已固守，怎能攻破？"陆逊说："各位不晓兵法。刘备是盖世的英雄，足智多谋，他的士兵刚刚聚集，法度甚精；现在固守时间长久了，不得我便，士兵疲惫，意志受损。我军取胜，正应该在这个时候。"诸位将领都叹服其谋略。

后来，蜀军果然大败，刘备只保住了性命逃出重围。陆逊就是因把握了"以逸待劳"的用兵之计，才大获全胜。

处世活用

厉飞是一家公司的中层职员，由于平日待人平和、乐于助人，深得领导的信任和同事的尊重。厉飞所在的公司，制度非常完善，竞争相对也比较公平，一到年底，大家就忙着写工作总结，准备评比计划，十分热闹。厉飞一到这时候，就显得比其他同事悠闲很多，当然这只是表面上的。

牛年年底对厉飞的同事们来说有些特别，因为公司决定在年底外调一位高层人员，他的位置将由厉飞和几个同级同事中的一位来接替。由于厉飞的另外几位同事和他实力相差不多，而公司的竞争又比较公平，要想得到这个位置就必须拿出比别人更好的表现，让领导注意到。

于是，竞争对手们千奇百怪的创意和略带夸张的年终总结与厉飞的清闲形成了强烈的对比。厉飞的朋友们都为他着急，他自己却不动声色，让对手们暗暗欣喜少了一个有实力的竞争对手。很快，大家对厉飞的敌意减少了很多，在他面前提起竞争这件事时也少了许多顾虑，而这正是厉飞想要的结果。

所谓知己知彼，方能百战百胜，厉飞不仅在麻痹对手的同时暗暗做着准备，还透过对手的“虚构事实”看到了有利竞争的突破口。他实事求是地写了一份年终总结，没有虚构，更不夸张，与其他失实的总结一对比，厉飞朴素的工作报告很快吸引了领导的注意力，并使领导牢牢地记住了他的稳重。而厉飞也知道领导比较注重实际的工作成效，就一边暗暗观察对手们的动向，一边把工作安排得更加井井有条，还不失时机地在领导面前表现出以工作为重、以大局为重的态度。当竞争对手还在极力“美化”自己的工作总结、明争暗斗，忽略了正常的工作时，厉飞的这招“以静制动”“以逸待劳”已经成功地让领导将他认定为这个位置的最佳接班人了。

在工作中，总有一些关键时刻需要灵活地运用一些技巧，不跟风，不蛮干，抓住对手的弱点，找准取胜的突破口，暗中精心准备，在别人误以为你止步不前的时候，积极等待时机成熟。这就是“以逸待劳”的智慧。

第五计　趁火打劫

运用此计的关键是趁敌人遭遇困难、力量薄弱、无力还击时加以打击，这样就可以就势取用。这也是乘危取利、攻其不备之策。

原文

敌之害[①]大，就势取利，刚决柔也[②]。

注释

①害：指敌人遇到的严重灾难，使之处在困难、危险的境地。

②刚决柔也：阳刚必须用决断性的气魄制裁阴柔。也就是说，“君子”应该消灭“小人”，“正气”应当压倒“邪恶”。此计用“刚”比喻自己，用“柔”比喻敌方，强调趁敌之危，就势取胜。

译文

敌军处于危险境地时，我军应顺势而为，抓住有利战机，坚决果断地打击敌军，以求连胜。这是“以刚克柔”的策略。

按语

敌害在内，则劫其地；敌害在外，则劫其民；内外交害，则劫其国。如：越王乘吴国内蟹稻不遗种而谋攻之，后卒乘吴北会诸侯于黄池之际，国内空虚，因而捣之，大获全胜。（《国语·越语下》）

谋略精解

无论多么强大的对手，都会有软弱的地方，看似无懈可击的防御，也有出现疏漏的时候。当竞争对手遇到麻烦或陷入危机时，往往是制伏对手的最佳机会。高明的决策者往往会充分利用这种机会，果断出击，获取最大利益。这就是我们平时所说的“趁火打劫”。

“趁火打劫”有两种情形。一是乘人之危，抱薪救火。对方后院“起火”，我方可以伪装“救火”的姿态前去凑热闹，这样既不会被对方拒绝，也不会引起对方注意。在“救火”过程中，便可以暗中捞取好处，或在暗角再点一把“新火”，给敌方制造更多的麻烦，这样就可以轻易地将其置于死地。在敌人发生危难之时，采用这种方式向敌人发起主动进攻，往往很容易取得成功，为自己谋得利益。这种方式也可称为乘间取利、乘人之隙。二是助纣为虐，入伙分利。火是别人放的，别人趁火打劫时，我方乘机插手，助对方一臂之力，事成之后，获得部分利益。两种方法都极为巧妙。

“趁火打劫”这一计策虽然看似不光明磊落，但着实是屡试不爽的破敌良策，往往能起到扭转战局、变被动为主动的奇效。其要义在于，当对手处在危难之中自顾不暇时，趁机胁迫其接受正常情况下难以接受的苛刻条件。运用这一计谋的关键，在于对“打劫”时机的正确把握。这就要求决策者掌握对手的动态，通过分析，确认对手已经“失火”，正处在危难之中或是有求于己时，果断出手，于乱中获利。需要注意的是，“趁火打劫”，一方面要求决策者反应迅速，出手果断，因为有利时机往往稍纵即逝，若是等到“火”灭了再行劫，效果就会大打折扣；另一方面，也要注意不可盲动，既要避免中了对手引蛇出洞的圈套，又要注意“劫”之有度，不要引火烧身。

兵家活用

公元前284年，燕、赵、韩、魏、秦五国曾共同出兵攻打当时强大的齐国。燕国派出大将乐毅统率五国兵马，接连将齐国七十二城攻下。

最后，齐国只剩下莒城和即墨两座城市没有被占领，乐毅有意没有攻取这两个地方，是为了对民众施以仁政，收买人心，为日后做长远打算。

五年后，齐国即墨城守将田单派人向齐王建议：让莒城与即墨成犄角之势，共同对付燕军。这五年，燕国发生了很大的变化。乐毅在朝中受人嫉妒，饱受谣言攻击。于是田单乘机派人去燕国散布谣言，说乐毅和田单正在密谋称王。燕王闻讯，立刻召乐毅回燕国。

乐毅见情况不妙，马上投奔赵国。燕王无奈，便派出骑劫代替乐毅统领燕军，下令即刻进攻即墨城。不料，城中军民在守将田单的率领下，万众一心，拼命反抗，坚守城池。但由于燕军拥有众多精兵强将，即墨城还是很快就被围了个水泄不通。田单在城中冥思苦想，希望能有一良策巧妙破敌。

一天，他忽然计上心来。第二天清晨，田单对全体军民声称：昨晚他梦见天神要派神师助自己对付燕国。不久，一名身着神师服饰的士卒就被即墨城的百姓拜为“神师”，据说他就是田单梦中的神师模样。从此田单便通过“神师”发号施令。一日，“神师”发布命令说，三餐之前务必要在庭院中祭祖。于是田单连忙让手下精心准备祭祀活动。祭祀中，百鸟见庭院中有食物，便每日云集于即墨城上空。燕军见此情景，本来就很诧异，又听说齐军得到了神师帮助，很快，军中便人心浮动。

田单知道这一情况后，心生欢喜，便就势用大红绸布和彩色颜料将城中一千多头牛打扮起来，牛角绑上尖刀，牛尾捆上涂有膏油的麻苇，再让选出的五千精兵穿上五彩怪衣，脸部涂上各色颜料，俨然一副天兵天将的模样。天色一暗，田单就命令“神兵神将”们用火点燃牛尾上的麻苇，赶着数千头装扮怪异的牛从早已挖好的洞穴中一起冲出。牛一被火烧，便冲出城门蜂拥着向燕国的营地狂奔而去。五千“神兵神将”也手持钢刀，紧跟其后。一时间，景象很是壮观：惊慌失措的燕军以为真的是神兵天将降临，一个个吓得魂飞魄散，夺路而逃。而此时，千头“怪牛”带着团团火光，就像腾云驾雾、从天而降一样，在燕营中横冲直撞，凶猛无比。燕军一片混乱，溃不成军。田单“趁火打劫”，把燕军杀了个一败涂地，并趁势接连攻克了十多座城池。最终，不仅将燕军赶出了齐国，还一鼓作气，收复了全部疆土。由于战功赫赫，齐襄王把田单任命为燕国的相国，封其为安平君。

田单在收复疆土时，面对敌众我寡、敌强我弱的情形并没有畏敌，而是聪明地运用心理战术和“火牛阵”，先造成了燕王对大将乐毅的不信任，导致乐毅逃走，然后用“神师”和“天兵天将”的表演蒙蔽敌军，促使其人心慌乱，然后“趁火打劫”，在敌我交锋中迅速占据上风，一举取得了战争的胜利。由此看来，“趁火打劫”一计在敌我战力悬殊的情况下，无疑是打击对手、保全自我的有效手段。

处世活用

秦始皇死后，天下大乱，群雄争霸，最后形成刘邦与项羽对峙的局面。这就是历史上有名的“楚汉之争”。

这场战争持续了四年，起初，项羽获得压倒性的胜利，刘邦节节败退，陷于苦战。

然而，刘邦靠坚韧不拔的毅力，苦撑了两年。到了第三年，刘邦逐渐挽回劣势，逼使项羽陷于孤立状态。不过，经过三年的交锋，刘邦也渐露疲态，碍于情势，刘邦只好提出和谈之议，双方因而订立停战协定。

协议达成后，项羽立即率军返国，刘邦也准备撤军回乡。这时，刘邦的军师张良、陈平相继向刘邦进言：“我方已占领一半的天下，各方诸侯也都是我方的盟友。然而项羽却已呈现兵颓粮尽的窘态，这是上天遗弃项羽的征兆。若不乘机攻击，等于纵虎归山，遗下祸端。”

两位军师主张趁这个机会把对方斩草除根，否则对方定会重整旗鼓。

刘邦依计进攻楚军，一鼓作气打败了项羽。

第六计　声东击西

故意制造假象，引诱敌人作出错误的判断，然后出其不意地采取行动，一举歼灭敌人。

原文

敌志乱萃[①]，不虞[②]，坤下兑上之象[③]，利其不自主而取之[④]。

注释

①敌志乱萃：敌人意志混乱，失去明确的主攻方向。萃，野草丛生。此指聚集，会集。

②不虞：不加戒备，不及防备，意料不到的意思。

③坤下兑上之象：喻指聚在一起的是一潭高出地面的死水，迟早会溃决。

④利其不自主而取之：敌人不能把握自己的前进方向，这对我方有利，应趁机进攻、打击敌人。不自主，即不能自主地把握自己的前进方向和攻击目标。

译文

敌军神志慌乱，迷失了主攻方向，预料不到战情的变化，这时可趁敌军慌乱，一举歼灭敌军。

按语

西汉，七国反，周亚夫坚壁不战。吴兵奔壁之东南陬，亚夫便备西北。已而吴王精兵果攻西北，遂不得入（《汉书·周勃传》附）。此敌志不乱，能自主也。汉末，朱儁围黄巾于宛，张围结垒，起土山以临城内，鸣鼓攻其西南，黄巾悉众赴之。儁自将精兵五千，掩其东北，遂乘虚而入。此敌志乱萃，不虞也。然则声东击西之策，须视敌志乱否为定。乱，则胜；不乱，将自取败亡，险策也。（佚名）

谋略精解

“声东击西”之计一般用在己方处于进攻态势的情况下。“声东”旨在虚晃一枪，所击之“西”才是主攻目标。因此，此计的重点在于对我方的企图和行动绝对保密，通过制造假象、佯动误导敌人来伪装己方的攻击方向，转移敌人的目标，使其疏于防范，让“西”成为敌方的不备或不及之地，然后乘其不备发动进攻，一举击败敌人，出奇制胜。

“声东击西”的战例颇多，使用的方法也各异，而成败的关键在于攻方的“声东”是否能让防御方完全相信，或迷惑其意志，或故布疑阵，使对方力量分散，使其减弱“西面”的防御甚至完全放弃对“西面”的防范，从而达到自己的目的。

总结起来，“声东击西”之计可以有以下几种使用方式。

一是忽东忽西牵制敌人。不固定我方的进攻方向，时而向东，时而向西，使敌方无法确定我方的主攻方向和真实意图，只好处处被动设防。时间一长敌方必然只有招架之功，而无还手之力，我方便可利用时机大获全胜。

二是即打即离，迷惑敌人。我方应时而主动攻击，时而远远离开。敌方以为我方要打时，我方不打；敌方以为我方不打，我方却突然发动袭击。以致敌人无法部署战前准备，失败也就在所难免。

三是发动佯攻，蒙蔽敌人。此方式是指我方故意向甲地发动进攻，吸引敌人的注意力，等敌人把兵力全部调到甲地时，我方突然在乙地发起猛攻。敌人意识到时为时已晚。

四是避强击弱，袭击敌人。此方式是指在我方飘忽不定的进攻下，敌人无法制定准确的进攻计划，我方就可以避开敌之锋芒，乘机猛攻敌人的薄弱环节，让其无力应对，妥协就范。

总之，“声东击西”历来受到中国兵家的重视，但是如果此计运用不好，被对方发现了自己的真实意图，则会自食其果。

兵家活用

1982年，在与阿根廷的马尔维纳斯群岛之战中，英军就曾利用“声东击西”战略成功地突袭登陆。

马尔维纳斯群岛海岸线曲折，有许多避风海湾和自然港。英军在其中选择的登陆地点圣卡洛斯港，其优点是入水处水深36米，可供大型舰只停靠，岸上地域开阔，便于部队活动。但其不利之处在于海湾呈狭长状，宽度仅6~16千米，导致舰队活动余地狭小，无法对空建立大纵深的防御警戒体系，容易被敌方战机集中袭击。而且，此处交通很不便利，只有一条小道和斯坦利港相通，沿途沼泽丛生、泥泞不堪，不便于登陆部队向斯坦利港移动。因此，阿军断定英军不会由此登陆，便只派出极少量的部队进行防卫，而将防御重点部署在海面较为宽阔、交通条件较好的斯坦利港、达尔文港以及古斯格林港。

英军在5月初，就已选定圣卡洛斯港为登陆点，但为了掩盖这一真实目的，迷惑阿军，英军采取了各种“声东击西”的措施：首先是在英国报纸上大量登载虚假预测及分析，指出英军将在马尔维纳斯群岛的西岛或东岛南部登陆。在发起登陆作战前不久，英国防部官员仍在向媒体佯称，英军目前只是利用小股作战部队对阿军进行袭扰，消耗阿军的武力，并不准备大规模登陆。接着，在登陆前两天，英军又用飞机连续轰炸驻扎东、西岛南部的阿军，对马岛北部不闻不问。到了5月20日午夜，登陆舰船向圣卡洛斯湾进发之际，英特遣舰队的两艘航空母舰仍从东北方向驶往马岛南端海域，假装进攻目标为马岛南部。就在英军登陆圣卡洛斯港时，他们仍在不停地用飞机、军舰对斯坦利港、古斯格林港、豪沃拉港、路易港和狐狸湾进行轰炸。同时，突击队煞有介事地强行登陆达尔文港、路易港和狐狸湾，并发起牵制性的攻击。

英军在做了以上这些“声东”准备后，还觉得不够，又把阿军的通信设施通通摧毁，导致阿军无从得到前线消息，不能及时实施空援。

由于英军采取了一系列“声东击西”的措施为总战略服务，阿军一直被蒙在鼓里，不断地加强对斯坦利港和南部达尔文港的警戒与防守，却没有在北部的圣卡洛斯港增加一兵一卒。5月21日凌晨2时，英军在猛烈的炮火掩护下，迅速上岸，轻而易举地完成了登陆。阿军一直到天亮后才醒悟过来，而此时，英军已在圣卡洛斯港建立了稳固的滩头阵地。这次成功登陆为英军后来取得节节胜利奠定了坚实的基础，最终阿军7000人被困在斯坦利港，阿军投降求和，从而结束了战争。

处世活用

明朝书画家唐伯虎一生的风流韵事很多，这位江南才子，不但善于在红粉翠绣间周旋，而且能够在险恶的政治斗争中，运用“声东击西”之计保全自己。

明孝宗弘治年间，宁王朱宸濠试图起兵谋反。他特地在南昌城南建了座阳春书院，并且用重金到处招揽人才，打算扩大自己的势力，为起兵篡位做准备。宁王久闻唐伯虎才名，便有意招揽他为己所用，于是特地派人带重金到苏州礼聘。唐伯虎不知道宁王的野心，以为对方真的器重自己，当下便受聘来到宁王府。到南昌以后，朱宸濠对他倒也不错，处处以上宾礼节相待，并腾出一栋别墅让他居住。

不久，唐伯虎看出宁王心怀不轨，有意谋反，便一心想要逃出虎口，但是，怎样才能脱身呢？唐伯虎想出一条妙计：效仿孙膑装疯卖傻。

宁王派人送重礼给他，他便借酒撒泼，将东西全部打翻在地，并对前来侍候他的几个婢女大发淫威，又是暴打又是蹂躏，吓得婢女们都不敢靠近他。

宁王听说他一会儿哭，一会儿笑，以为他是在装疯，就同王妃一起前去探个虚实。唐伯虎老远见他们来，就脱光衣服赤身裸体地开始跳舞。

朱宸濠大为震惊，恼羞成怒地说：“谁说唐伯虎是贤士？我看他不过是一个疯子而已！”于是立即下令把唐伯虎赶出宁王府，永不叙用。唐伯虎终于平平安安地回到了苏州老家。很快，宁王起兵谋反，巡抚王守仁将其镇压后，将那些被宁王礼待过的名士们都作为逆党进行诛杀，只有唐伯虎佯装癫狂脱身而去，才没有受到株连，得以在苏州城安享晚年。

唐伯虎表面上狂放洒脱，放荡不羁，实际上其聪慧而有才能，当洞察到宁王将有异志时，巧妙地设计脱身，保全了自己。他知道如果辞官回乡，宁王说不定会怀疑自己，给自己招来杀身之祸。于是他借酒装傻，见东西就砸，见女人就追，采用这些表面上“声东”的假象，招致宁王的反感，直至被下逐客令，实现了自己避免成为政治斗争牺牲品的“击西”目的。

第七计　无中生有

此计的妙处，就在于真中有假，假中有真，使敌人判断失误，从而出其不意地把敌人击败，这就是没有条件创造条件达到目的之计谋。

原文

诳也，非诳也①，实其所诳也②。少阴、太阴、太阳③。

注释

①诳也，非诳也：虚假之事，又非虚假之事。诳，欺骗，迷惑。

②实其所诳也：把真实的东西隐藏到假象中。实，实在，真实。

③少阴、太阴、太阳：大大小小的假象逐渐转化为真实。此处“阴”指假象，“阳”指真相。

译文

用欺骗的方法迷惑敌军，但又不能完全是欺骗策略，而是让对方把真相当成假象。这就要巧妙地运用阴阳转化之理。

按语

无而示有，诳也。诳不可久而易觉，故无不可以终无。无中生有，则由诳而真，由虚而实矣，无不可以败敌，生有则败敌矣，如：令狐潮围雍丘，张巡缚蒿为人千余，披黑衣，夜缒城下；潮兵争射之，得箭数十万。其后复夜缒人，潮兵笑，不设备，乃以死士五百砍潮营，焚垒幕，追奔十余里。（《新唐书·张巡传》《战略考·唐》）

谋略精解

“无中生有”之计，不是真实意义上的瞒骗，而是将某些假象示于对手，使对方相信它的真实性，然后把这些假象突然变为现实，让对方毫无心理准备，措手不及，从而击败对手。

此计谋可以理解为两种含义。一是凭空捏造事实，处处散布谣言，把本来不存在的东西说成存在的，让对方思想混乱。其目的是乘机消灭敌人，获取利益。二是以假乱真，把假的东西装扮成真的，最后再将其巧妙地转换成真的。以此来迷惑敌人，使敌人掉以轻心，从而趁势将其打败。

在具体运用“无中生有”之计时，应该注意把握以下问题：

（1）它只是竞争上惯用的一种策略。运用在军事上，属于诱敌之计。而在经营管理上，只能使用它的引申义，用不真实或虚无的东西去迷惑竞争对手，让对方在不清楚你的真实意图的情况下无以应对。此方法绝非真的造假骗人，更不能长期以假示人。

（2）运用“无中生有”之计，要把握好可能瞬间而逝的绝佳时机。在对方觉察并改变行动策略之前，快速出击，将对手制服。

（3）“无中生有”，并非真正的以无做有，而是示“无”藏“有”，其关键在“有”而不在“无”。空虚是不可以战胜对手的，而被对手忽视和误解的实在，才是真正可以战胜对手的力量。因此，运用此计，核心在“有”。同时，“无中生有”所利用的“无”，绝不是长久的虚无和欺瞒。要看准时机，及时地变假为真，转虚为实，露出真相，达到目的。

兵家活用

“无中生有”讲的是“无”中孕育着“有”，而“有”和“无”有时候并非实存，只是作用于敌人心理上的结果不同而有所区别。

18 世纪初，俄国与瑞典为争夺波罗的海的领海权发生了大规模的战争。瑞典在进攻失利之后，不肯罢休，充分休整一番后，便再一次纠集强大的海军和陆军，向俄国发动了第二次进攻。

瑞典军队来势凶猛，很快便在俄国沿海登陆。俄军当时在沿海地区部署的少量兵力，被瑞典人逼得一再后退，俄国军民人心惶惶，国内一片混乱。事态紧急的情况下，俄国统治集团内部意见分歧也十分严重，有不少人建议俄军放弃沿海要地和正在修建的防御工程，退回到俄国腹地。

在国家面临危难，众人焦虑之时，彼得大帝却异常镇定。他十分了解瑞典国王查理十二和军队将领们的做事风格，于是决定利用他们一向小心谨慎、优柔寡断、不够勇敢和坚定的弱点，帮助俄国转危为安。

很快，彼得大帝便派出一大批信使携带着他的亲笔密信奔赴全国各地，传达他要求各地指挥官即刻派援军支援沿海地区的命令。当然，彼得大帝信中所提到的这些援军根本就不存在，即便有些军队情况属实，也是远水解不了近渴。负责传送命令的信使们故意稀里糊涂地在各地游走，粗心大意地暴露身份，最后如他们所愿地被瑞典人俘虏，身上的密信也被人搜出。瑞典将领对彼得大帝的密令十分重视，心想原来俄国人刻意隐瞒了自己的军事实力，他们不加以顽抗，而退出沿海地区，估计是有着更深远的阴谋。在这种思想的支配下，瑞典军队赶紧放弃了已占领的俄国沿海地区，迅速后撤回国。

在敌军勇猛强大、节节进逼的攻势下，俄军一再溃退，加上国内人心浮动，似乎只有败退这一条路。但彼得大帝深知瑞典虽兵力旺盛，其领导层却多疑而优柔寡断，攻其指挥层远比硬碰精兵良将来得容易而有效，于是故意使出“无中生有”之计，用一些假书信便吓退了凶猛的敌人，成功地左右了瑞典军队的行动，没有浪费一枪一弹便顺利解除了其对俄国沿海地区的围困，保住了新都圣彼得堡和战略设施工程，帮助俄国渡过了难关。

处世活用

“无中生有”之计，曾经帮助战国时期著名的谋略家张仪渡过了穷困潦倒的难关。

张仪早年在楚国逗留期间，没有受到楚怀王重用。因此，长期的闲居让他的日常开销成了问题，随从们更是对他埋怨不已。张仪却不紧不慢地告诉大家，很快就可以摆脱窘境。

几天后，张仪向楚怀王辞行，到郑国去寻求发展。楚怀王原本就不喜欢他，便很痛快地答应了。张仪对楚怀王说：“这些日子，大王待我很好。下次我再来楚国，一定要给您带点郑国的土特产。”楚怀王大笑：“楚国应有尽有，郑国能有什么稀奇东西？你用不着给我带什么。”张仪说：“是呀，郑国是没什么稀奇东西，但郑国的美女却是闻名天下。听说那里的美人个个都像仙女下凡，大王您对这样的土特产也不感兴趣吗？”生性好色的楚怀王听了心花怒放，立刻就赏赐了张仪许多金银珠宝，让他到郑国去多置办些“土特产”回来。

张仪回到住处，马上就让随从们到处大肆宣扬他要到郑国帮楚怀王选美女的消息。很快，这件事就如张仪所料，传到了南后和宠妃郑袖的耳朵里。她们怕失宠，赶紧找来张仪，求他不要去郑国给楚怀王选美女。张仪却借口答应了楚怀王，不好失言。南后和郑袖见状，立即送给张仪一大堆金银财宝，张仪想了想便对她们说："这样吧，等我离开楚国，向大王辞行时，两位如果亲自来送我，我就有计策让大王打消寻找郑国美女的念头。"南后和郑袖纷纷点头。

过了两天，楚怀王为给张仪饯行而大摆酒宴，南后和郑袖也主动要求陪同。当南后和郑袖给张仪敬酒时，张仪马上跪倒在楚怀王面前，拼命磕头求饶："我罪该万死。请大王治罪！"楚怀王一头雾水，于是问道："你犯了什么罪？"张仪说："我犯了欺君之罪啊。大王，我原本以为郑国的美女无人能比，可今天见到您的两位爱姬才知道，原来天下最美的女人就在大王您的身边。所以我说犯了欺君之罪，请大王治我的罪吧！"

听了这话，楚怀王才明白自己被张仪骗了，但因为两位爱姬在场，又不能辩解，只好顺势给自己找台阶："寡人早就说过两位爱姬才是天下最美的美人，郑国的土特产不过是寡人和你开个玩笑罢了，念你平日一片忠心，就饶你无罪吧。"

落魄的张仪利用楚怀王好色和宠妃嫉妒的弱点，以"无中生有"之计，一箭三雕。首先通过让楚怀王向往郑国的美女，从其身上骗得了大量的财物；其次又通过散布消息激起了宠妃的嫉妒之心，让她们心甘情愿地送上钱财，解决了自己的生活困难；最后还巧妙地促成宠妃参加酒宴，让楚怀王碍于形势，无法责怪自己，最终逃过杀身之祸。

第八计　暗度陈仓

此计是一种以迂为直、以明隐暗、以正隐奇的战术，就是以虚拟的正面攻击来迷惑敌人，当敌人集结力量固守时，又悄悄派小部队迂回到敌人后方，乘虚而入，使敌人措手不及而失败。

原文

示之以动①，利其静而有主②，“《益》动而巽③”。

注释

①示之以动：故意把佯攻的行动暴露在敌人面前。动，行动，动作。

②利其静而有主：利用敌人已经决定固守的时机。静，平静。主，主张。

③《益》动而巽：暗地里主动迂回进攻敌人，必能有所增益。益，增长。巽，八卦之一。象征风，无孔不入、有隙即钻。

译文

故意在敌军面前显示佯攻行动，利用敌军已固守在原地的时机，主动迂回到敌后进行偷袭，乘虚进攻，出奇制胜。

按语

奇出于正，无正则不能出奇。不明修栈道，则不能暗度陈仓。昔邓艾屯白水之北，姜维遣廖化屯白水之南，而结营焉。艾谓诸将曰："维令卒还，吾军少，法当来渡而不作桥，此维使化持我，令不得还。必自东袭取洮城矣。"艾即夜潜军，径到洮城。维果来渡。而艾先至，据城，得以不破。此则是姜维不善用暗度陈仓之计，而邓艾察知其声东击西之谋也。（佚名）

谋略精解

"暗度陈仓"根据历史故事"明修栈道，暗度陈仓"而来，前提即"明修栈道"。意思是指在双方对峙的时候，公开地展示一个让敌人觉得愚蠢或者无害的战略行动，以使敌人放松警惕。而在公开行动的背后，我方却有真正的行动，趁敌人被假象蒙蔽而放松警惕时，悄悄地迂回到另一处偷袭，给敌人以措手不及的致命打击，自己则在没有遭到任何抵抗或防备的情况下，出奇制胜。

出奇制胜，产生于正常的用兵之法。只有诱使敌人按照正常的用兵原则来判断我方的行动意图，才能达到此目的。所以，"暗度陈仓"，必须先用"明修栈道"来吸引并转移敌人的注意力。

"暗度陈仓"和"声东击西"有相似及不同的地方。相似之处在于：两者都是虚张声势，先制造一种假象迷惑敌人，然后在假象的掩盖下，采取真实行动。不同之处在于："暗度陈仓"是同时采取真假两个行动，表面上采取一个对敌方无碍的行动或采取让敌方觉得可笑的行动，如"明修栈道"，来麻痹敌人；暗中却施行一个给敌人致命打击或有力扩张我方的行动。而"声东击西"

则是同一个打击行动而有真假两个目标。有意用假目标把敌人引开，以实现那个真目标。

“暗度陈仓”的计谋，不仅可以用于兵事，在现代经营活动中，它同样是商家常用的妙计。精明的商家借此制造假象，迷惑对手或消费者，使其购买自己的产品或者接受该企业所提供的服务，扩大企业的知名度及美誉度，从而拓宽产品销路，提高市场占有率。而创业者要用好此计，也应该事先做好部署，另立目标以转移竞争对手的注意力，为顺利“暗度”做好铺垫。

兵家活用

在战争中，“明修栈道，暗度陈仓”经常被用以蒙蔽敌军，帮助己方顺利展开真实的军事行动，效果往往立竿见影。

1967 年 6 月 5 日，以色列在美国支持下，闪电般地向阿拉伯国家发动了大规模的战争。为了达到此次的突袭目的，以色列“明修栈道，暗度陈仓”，在行动之前采取了一系列迷惑对方的措施。

第一个行动是在 6 月 3 日（周六）夜里。以色列鹰派首领达扬在就任国防部长后发表第一次公开讲话。他的讲话马上便通过电波传向了全世界的各个角落。第二天清晨，《耶路撒冷邮报》发表报道：“达扬国防部长称，对于埃及封锁蒂朗海峡的问题，以军事手段来对付为时已晚，而采取外交行动，下结论又为时过早。‘政府在我上任之前就采取了外交手段，我们一定要从外交方面为解决此问题提供帮助。’”

达扬为了让人们相信他所发表的言论，并让阿拉伯国家将注意力转移到两国的外交行动，很好地隐藏以军的战争行动，第二天，他便命令若干名以色列官兵休假，到热闹繁华的场所去游玩，让人感觉不到即将开战的气氛。很快，周日的各大晨报上，便以大幅照片的形式大肆报道了这些官兵在海滩和酒吧游玩的情况。不仅以色列人，就连埃及的高级将领们都松了一口气，在开罗的网球场上开心地过起周末。以色列的记者、埃及的记者和从世界各地云集到以色列搜集战争情报的各类人，也都像往常一样平平安安地度过了周末。

为了同以色列政府上层的这些欺骗活动相呼应，以军在战术上也采取了欺瞒措施。为了把埃及海军的注意力从地中海吸引到红海方面，在开战前几天，以色列海军装扮成准备在以红海的亚喀巴湾为中心的地区实施登陆作战的样子，在白天威风凛凛地从陆路将四艘鱼雷快艇运往埃拉特，到了晚上，再偷偷地运回原地。第二天，再这样来回运送，以制造在红海设置重兵的假象。以色列海军的这一欺骗行动，迫使埃及的两艘驱逐舰从地中海调出，而这两艘驱逐舰占了埃及海军兵力的30%。

而以色列陆军的南线军队，为了不让埃及方面掌握到在西奈地区行动的地面部队的真实情况，派出小规模的坦克部队在后方地域上来回移动，并且在其周围堆砌许多土堆，看上去就像有大规模的坦克部队在进行集结。

开战前，沙龙将军为了让敌人误认为以色列西奈中部军队的进攻方向是西奈南部，布置了假坦克，并且利用这种假象，成功地给埃及方面一种错误印象，即他的主力部队一旦发生危险便可通过孔蒂拉向亚喀巴湾进攻。与此同时，以色列的空军与海军呼应，增加了对亚喀巴湾和红海地区的空中巡逻。埃及方面信以为真，迅速将第一线的20架苏制飞机从北部基地转移到了南部基地。

以色列在此次战争中使用了一系列惑敌战术，“明修栈道，暗度陈仓”，成功地将埃及人蒙蔽。因此，6月5日7时45分，以色列在发动第一次空中攻击时，便顺利地摧毁了埃及第一线空中力量的90%，为六天战争的最后胜利奠定了基础。

处世活用

1939年9月，希特勒突然袭击波兰，战争的乌云笼罩在欧洲上空。位于斯堪的纳维亚半岛上的丹麦、挪威、瑞典三国是控制北大西洋的要冲，战略地位十分重要。英法等国不仅担心这里会成为希特勒进攻的下一个目标，还担心这里会成为德国研制新式武器的基地。当时，德国科学家轰击了铀原子，实现了核裂变。而丹麦的尼尔斯·玻尔教授作为当时最伟大的科学家之一，已经成功地分裂出铀原子。如果德国占领斯堪的纳维亚半岛三国，不仅可以从挪威得到进行原子试验所需的重水，还可以利用玻尔教授以及他的实验室、最新成果和资料，研制出具有巨大杀伤力的新式武器。英法等国对此绝对不能轻视。于是，在正式战争之后，另一场秘密的战争也开始了。

圣诞节的夜晚，在瑞典一家饭店里突然传出一声枪响，保安人员迅速出动并进行了调查。枪声是英国商人斯蒂芬森的保镖不小心弄出来的，只是一般的枪支走火事件。保安人员又对斯蒂芬森的房间进行全面搜查，结果还发现了几包炸药。这一意外的收获令亲德的瑞典保安人员十分高兴。

原来，早在斯蒂芬森入境初期，瑞典的保安人员和德国的特工就盯上了他。因为瑞典的反间谍组织知道斯蒂芬森并非一般的商人，而是负有特殊使命。这一次在斯蒂芬森的房间查出了炸药，说明瑞典反间谍组织的情报是准确的。此事被瑞典国内亲德派大肆渲染，弄得满城风雨。英国外交大臣不得不出面表示道歉，承认此次事件是对国际法的破坏。德国人为粉碎了一场敌对国的阴谋而欣喜不已。

处境尴尬的斯蒂芬森依然在瑞典。不过，从这时起，他开始进行真正的商业活动，不断地拜访当地的知名人士，似乎在做一些挽回名誉的工作。保安人员也不再提防这个已经失效的间谍。斯蒂芬森何时在瑞典消失，没人知道。

1943年，处于纳粹严密监视下的丹麦物理学家、原子弹之父玻尔，突然神奇地出现在大西洋彼岸的英国时，德国人百思不得其解。这个答案斯蒂芬森最清楚。原来，他当初以商人身份潜入瑞典，实则就是为了完成“玻尔出逃”之“暗度陈仓”。他在饭店里故意走火和暗藏炸药，以此来吸引瑞典保安人员和德国特工的注意只是其“栈道”，用以掩盖真实意图。在无人“关注”他的时候，斯蒂芬森便广泛活动。而就在这时，这场戏的主角——玻尔，却悄无声息地逃出了瑞典。

第九计　隔岸观火

此计的妙处在于，在敌人内部有矛盾时，我们不必急于进攻，而只需安静地等待敌人发生内讧，让他们互相仇恨，互相斗争，最后自取灭亡，这样不用一兵一卒，我方便可以达到预期效果。

原文

阳乖序乱，阴以待逆①。暴戾恣睢②，其势自毙。顺以动《豫》，《豫》顺以动③。

注释

①阳乖序乱，阴以待逆：敌方众叛亲离，混乱一团，我方应静观其变待其发生大的变乱。阳、阴，指敌我双方两种势力。乖，分崩离析。待，等待。逆，混乱，暴乱。

②暴戾：横暴凶残，穷凶极恶。恣睢：放纵，任意胡为。

③顺以动《豫》，《豫》顺以动：采取顺应的态度，不逼迫敌人，让其内部自相残杀，我方顺势取利。

译文

当敌人内部发生内斗、秩序混乱时，我方应静观其变。敌军内部自相仇杀，必然自取灭亡。我方要顺应时势而行动，待敌方内部发生变化时，我方才能顺势而击之。

按语

乖气浮张，逼则受击，退则远之，则乱自起。昔袁尚、袁熙奔辽东，尚有数千骑。初，辽东太守公孙康恃远不服。及曹操破乌丸，或说曹遂征之，尚兄弟可擒也。操曰："吾方使斩送尚、熙首来，不烦兵矣。"九月，操引兵自柳城还，康即斩尚、熙，传其首。诸将问其故，操曰："彼素畏尚等，吾急之，则并力；缓之，则相图，其势然也。"或曰：此兵书火攻之道也。按兵书《火攻篇》前段言火攻之法，后段言慎动之理，与"隔岸观火"之意亦相吻合。（佚名）

谋略精解

"隔岸观火"之计在运用上可能有两种情况：一是首先坐观敌方因内部冲突而出现自相攻击和残杀的混乱局面，然后选择有利的时机，对敌实施毁灭性的打击；二是坐待敌人内部出现矛盾，利用其一方消灭另一方，然后再消灭或收服剩下的一方。

虽然是乘敌人遭遇天灾、内乱或内忧外患交加的困境之机给以打击，从而捞取军事、政治、经济等方面的好处，但是这种计策应用不好就会引火烧身，以致自焚。如果一个国家或一个集团遭遇天灾或内乱之火，而它的整体力量又没有在火中烧光，来自外部的打击，就会使国家或集团内部的矛盾势力结成一个整体，同仇敌忾，一致对外，抵抗与反击打劫者，消灭打劫者。

因此，如果要打击并消灭敌人，不能盲目地趁火打劫，要先袖手观望，看火势发展，等待火势蔓延，从内部烧垮敌人的有生力量，坐收渔利，这才是“隔岸观火”的精髓。

另外，运用本计谋必须有两个必要条件：一是要有“火”可观，即敌方内部发生混乱；二是要有“岸”可隔，因为在无“岸”的情况下必然会引火烧身。而“观火”的方式多种多样，其主要的方式有：袖手旁观、静而暗观、退而远观、顺而动观。

兵家活用

战国后期，秦将武安君白起在长平一战，全歼赵国 40 万大军，赵国国内一片恐慌。白起乘胜连攻下赵国 17 座城，直逼赵国国都邯郸，赵国指日可破。

赵国情势危急，平原君的门客苏代向赵王献计，愿意冒险赴秦，以解燃眉之急。赵王与群臣商议，决定依计而行。

于是，苏代带着厚礼到咸阳，拜见应侯范雎。范雎请他坐在上座，问道：“先生来咸阳有何贵干？”苏代答：“我此番是为应侯而来。”范雎一提神，道：“愿意请教。”苏代说：“长平一战，武安君大胜赵军，今又发兵攻赵邯郸，你可知道？”范雎说：“已知。”苏代道：“武安君用兵如神，身为秦将，已收夺七十余城，斩首近百万。今番围攻邯郸，眼看着赵国必亡。这样下去，秦国成就帝业之日已不远矣。到那时，武安君白起，自然是头号功臣，犹如商朝的伊尹、周朝的吕望那样。应侯现在的地位在他之上，到那时就不得不居其下了。”

苏代的一席话使范雎愣了半晌，问道：“那么，依先生之见，该怎么办呢？”苏代说：“应侯可向秦王建议，让韩国、赵国割地求和。韩王和赵王向来惧怕秦国，多半能接受此议。如能成功，那就是应侯的功劳了。这样，既解除了武安君的兵权，应侯您现在的地位就稳如泰山了。”

听了苏代的话，范雎心中大喜，次日便上奏秦王："秦兵劳苦日久，需要修整，不如暂时宣谕息兵，允许赵国割地求和。"秦王果然同意。结果，赵国献出六城，两国罢兵。

白起突然被召班师，心中不快，后来知道是范雎的建议，也无可奈何。

两年后，秦王又发兵攻赵，此时白起正在生病，秦王改派王陵率 10 万大军前往。这时赵国已起用老将廉颇，设防甚严，秦军久攻不下。秦王大怒，决定让白起挂帅出征。白起说："赵国统帅廉颇，精通战略，不是当年的赵括可以比拟的；再说，两国已经议和，现在进攻，会失信于诸侯。因此，这次出兵，恐难取胜。"秦王说："除了白起，难道秦国就无将了吗？"于是，又派王陵攻打邯郸，5 个月都未攻下。秦王又命令白起挂帅出兵，白起伪装病重，拒不受命。秦王怒不可遏，削去其官职，将其贬为士兵，迁到阴密，立即赶出咸阳城。这时，范雎对秦王说："白起心怀怨恨，如若让他跑到别的国家，肯定是秦国的祸害。"秦王一听，马上派人赐白起以利剑，令其自裁。使者即传秦王命。武安君持剑在手，仰天叹道："武安君何罪，至此下场！可是，长平一战，我歼灭赵军 40 万，但他们又有何罪呢？我是该死啊！"说罢，就自刎而亡。可怜，为秦国立下汗马功劳的白起，落得这个下场。

当白起围攻邯郸时，秦国国内本无"火"，可是苏代"点燃"范雎的妒忌之"火"，导致秦国内乱，文武失和。赵国则"隔岸观火"，使自己免遭灭亡。

处世活用

北宋时韩琦长期担任宰相职务，同时他也是位在战场上英勇杀敌的将军。抵御西夏时，曾有"军中有一韩，敌人听了就胆寒”的威名。而在为人处世上，他同样能做到隐忍不发、成熟练达。

有一年，他与同僚王拱辰、叶定基等人在开封府主持科举考试，王、叶二人经常为考生试卷的好坏争得面红耳赤，韩琦生性好静，并不恼火，只是充耳不闻，视而不见，坐在桌前专心判卷。

没想到树欲静而风不止，王拱辰见自己同叶定基争吵得如此激烈，韩琦却能心安地坐着，心中很是生气，便跑过来对韩琦嚷道:“你在这里练习气度呢？”

韩琦听了这带刺的话，不但不生气，反而赶紧好言好语地赔不是:“实在对不起，我刚才没听，不知你们在争论什么事啊？”

同处一室，二人大声争吵，韩琦不可能没听到。但是当二人吵得不可开交时，无论向着谁，另一方都会很不高兴的。韩琦本想置身事外，装着什么都没听到，没想到王拱辰已经跳出来向他吹胡子瞪眼了。

而让人钦佩的是，韩琦竟然反过来给没事找事者赔不是。这样一来，王拱辰再没什么话可说了。当下正吵得面红耳赤的二人都觉得再吵下去没什么意思，便不再作声了。事后，大家一点火气都没有了，韩琦又耐心地做了二人的工作，很容易就把事情解决了。

历史上，人们评价韩琦时，说他“器量过人，生性淳朴厚道，不计较疙疙瘩瘩一类的小事……不管什么情况下，他都能做到泰然处之，不被别的事物牵着走”。在这一件事上，韩琦又是怎样泰然处之的呢？那就是保持中立。当处于这种夹缝之中时，保持中立，隔岸观火，是最好的防身策略。

第十计　笑里藏刀

此计是指表面装出十分友好、充满诚意的样子，使对方信以为真，放松警惕，但实际上却暗中策划，积极准备，一有机会就立刻行动，使对方措手不及。此乃一种刚中柔外的伪装策略。

原文

信而安之①，阴以图之②，备而后动，勿使有变③。刚中柔外④也。

注释

①信而安之：让对方深信不疑，安定身心。信，使相信。安，使安然，不生疑心。

②阴以图之：暗地里对其有所图谋。阴，暗地里。图，图谋。

③备：这里指充分准备。变：发生意外的变化。

④刚中柔外：表面软弱，内里却强硬。

译文

表面上要做到让敌方深信不疑，从而使敌方安心且丧失戒心，这样有利于我方另用计谋。我方做好了充分准备，然后再采取下一步行动，力争使敌方不发生特别意外的变故。我方要表现得表面上软弱，但内里要刚强。

按语

兵书云："辞卑而益备者，进也……无约而请和者，谋也。"故凡敌人之巧言令色，皆杀机之外露也。宋曹玮知渭州，号令明肃，西夏人惮之。一日，玮方对客弈棋，会有叛卒数千，亡奔夏境。堠骑（骑马的探子）报至，诸将相顾失色，公言笑如平时。徐谓骑曰："吾命也，汝勿显言。"西夏人闻之，以为袭己，尽杀之。此临机应变之用也。若勾践之事夫差，则意使其久而安之矣。（佚名）

谋略精解

"笑里藏刀"原意是指表面和气、内心阴险狡猾的两面派。它的同义词是"口蜜腹剑""两面三刀""阳奉阴违"等。玩弄奸计的人，往往是口甜如蜜，心毒如蝎。

因此，此计的含义可以从以下几个特征进行理解：首先是口蜜腹剑，即嘴里说的话比蜜还甜，心里却藏着一把杀人的利剑，时刻准备趁对方不备时下手；其次是假装柔弱和顺从，表面上对敌人谦恭和善、温柔顺从、心悦诚服，骨子里却阴毒无比，心怀异志。

运用此计的关键在于一个"笑"字。笑必须自然真实，掌握好分寸，才能使敌人产生信任而安定身心。如果笑得做作，笑得过火，反而会适得其反，引起对方的警觉。运用这一谋略的人，笑的方式多种多样，有的曲意求和，有的阿谀奉承，有的故意示弱。无论何种方法，"笑"的最终目的是"藏刀"。不论何时何地，“刀”要尽可能隐藏得深，一旦暴露，就很容易被敌人识破。而“刀”终是要杀敌的，可以明出，也可以暗出。但一定要迅速果断，干净利落。

兵家活用

几百年来，西方列强从来就没有停止过对海洋的争夺。而每一个海上强权的兴起，几乎都离不开一场轰轰烈烈的海战。然而在20世纪初，美国人却利用“笑里藏刀”之计打破了这个成规，只做了一次耀武扬威的环球航行，便确定了自己的海上强权。

1905年3月4日，西奥多·罗斯福成功连任美国总统。在就职演说中他向全国人民呼吁：“美国已经成为一个伟大的国家。因此，与世界其他国家交往时，我们的所作所为必须与美国这个伟大的国家相称。”罗斯福是这么说的，也是这么做的。在他的坚持和积极努力下，到1907年，美国海军的战列舰已经达到二十艘，形成了两支强大的舰队：由八艘战列舰和一些小型战舰组成的大西洋舰队，以及主力是三艘战列舰的太平洋舰队。同时，美国在亚洲保留了一支小规模舰队，在中国内河执行任务。在实力上，美国海军此时已经紧追英国皇家海军和德国海军，位居世界第三。精心的筹备为美军后来组建“大白舰队”奠定了坚实的基础。

1905年，日本在对俄战争中大获全胜，进一步扩大了其在远东和太平洋地区的影响。美国海军认为日本的咄咄逼人之势严重威胁到了他们的利益，但苦于美海军的主力大都集结在大西洋，在亚洲的舰队部署非常薄弱，实在无法与日本相抗衡，一向大胆张扬的罗斯福也不得不暂时采取退让政策，极力避免与日本在亚洲发生公开冲突。

久而久之，美日两国在太平洋地区的对峙局面越来越明显，双方的敌对情绪也越来越严重。面对日本一次次的挑战，罗斯福始终为是否开战而苦恼。如果贸然出击日本，自己苦心经营的海军会不会重蹈1905年俄国舰队的覆辙——在环绕半个地球后惨遭日本海军歼灭？有没有一个两全其美的方法，既能向猖狂的日本人显示自己的实力，又能避免挑起战争呢？反复考虑之后，罗斯福最终决定派出一支庞大舰队环游世界，向日本和其他国家展示一下美国海军的强大实力，以打消别国挑战美国的念头。

一年后，一支由十六艘精锐战列舰和七艘小型雷击舰组成，海军官兵多达一万四千人的舰队突然亮相美国东海岸。为了让整个舰队看起来更加显眼，罗斯福特意下令所有舰只一律漆成华丽而庄重的白色，世人因而称之为“大白舰队”。

1907年12月16日，“大白舰队”从弗吉尼亚州的汉普顿海军基地起航，罗斯福总统亲自带领高官到现场送行。“大白舰队”浩浩荡荡地出发后，便沿着大西洋一路南下，先后在巴西、阿根廷驻留，然后穿越麦哲伦海峡北上，经过智利、秘鲁、墨西哥，最后来到了美国西海岸城市旧金山。经过两个月的休整，“大白舰队”又从旧金山出发，先后抵达新西兰、澳大利亚和菲律宾。1908年10月18日，经过近一年的长途跋涉，“大白舰队”终于抵达了此行的目的地——日本横滨港。

美国在全球佯装进行友好的军事访问，实则耀武扬威之时，精明的日本人也并没有闲着。早在“大白舰队”停靠美国港口旧金山时，日本政府就动员了上千名在旧金山的日本留学生夹道欢迎，高唱美国国歌，对美国大献殷勤。同时，日本驻美官员热情邀请美国舰队访问横滨，意在进一步查清美国人的底细。当“大白舰队”抵达日本著名军港横滨时，几乎所有的日本人都因美国海军的庞大阵容而惊愕不已。日军高官经过商讨，一致决定谨慎对待这个对手。随后，包括天皇在内的全体日本民众给美国军官和士兵以最友好的欢迎和款待，庆祝活动整整持续了一周。

实际上，日本人心里并不那么“欢迎”自己在太平洋的对手前来做客。舰队来之前，日本舆论还在一致“反美”。如今，美国海军的强大实力摆在眼前，日本政府只能一改往日的疯狂蛮横，同意在太平洋地区维持现状，尊重美国的“门户开放”政策。

不久，“大白舰队”跨越大西洋，并经过加勒比海返航，于1909年2月22日回到美国的汉普敦海军基地。

美国人利用“笑里藏刀”妙计，成功地促成此次“大白舰队”的环球航行，不仅为罗斯福政府大添光彩，也让美国从此树立起了海上强权的霸主形象。为此，罗斯福还扬扬得意地宣称：此次环球航行是他“对和平事业做出的重大贡献”。

处世活用

当年，楚怀王有一位名叫郑袖的夫人，既漂亮又机智，颇得楚王的宠爱。

一次，魏王送给楚王一位美女，又年轻，又热情。楚王很快就被这位美女给迷住了。

为此，郑袖非常伤心，眼看着自己就有失宠的危险，她把这些看在眼里，放在心中，表面上仍表现得若无其事，毫不在意，从不向楚王表示不满，也不发半句牢骚，并且对那位新夫人表现得很友好，新夫人爱好什么衣服，喜欢什么玩物，郑袖都一一替她办好；她要怎样布置房子，郑袖就按照她的意愿很快置办好。郑袖对新夫人的关怀比楚王还周到，犹如婢女一般体贴，而且，郑袖还在楚王面前对新夫人大加称赞。

因而，新夫人对郑袖也非常感激，凡事都要与其商量，亲昵到以姐妹相称。

“姐姐！”新夫人说，“我非常感激你对我这么好！”

郑袖说：“这算得了什么？我俩共事一个丈夫，正所谓骨肉相连，不分彼此的。再说，楚王为一国之王，日理万机，我们做妻子的，应该多多体贴他，使他放松，如果我们不把家里的事处理妥当，那不是在折磨丈夫吗？妹妹，你能够这样给楚王带来快乐，我也轻松呢，我得感谢你才是呀！”

听了这一番话，新夫人被感动得掉下泪来，说：“姐姐的话过重了，妹妹实在是担当不起，还请姐姐时常教导我，指导我怎样给楚王带来快乐！”

郑袖说：“何必客气，看在楚王的分上，我们凡事都要商量，不让楚王担忧。”

看到这对如花似玉的夫人相处得这么好，楚王心中也十分欢喜，说：“女人多半是凭借美貌去博得丈夫的欢心，而且会产生嫉妒心理。可是，我的第一夫人不是这样，她懂得体贴我，知道我喜欢新夫人，能爱屋及乌，简直比孝子侍亲、忠臣侍君还要体贴。”

这时，郑袖知道楚怀王已绝不怀疑自己会吃醋了，自然暗自高兴。

有一次，郑袖和新夫人聊天的时候，装着无心地告诉新夫人：“大王曾在我面前说你的鼻子尖有点高！”

“那可怎么办呢？姐姐！”新夫人摸一摸自己的鼻子问。

“这也没有什么大不了的。”郑袖仍然若无其事地说，“你以后见到大王时，只要轻轻地把鼻子掩一掩就行了。”

新夫人觉得这个办法很好，她每次见到楚王时，就把鼻子掩起来。

楚王感到很奇怪，又不方便当面问。于是，就问郑袖：“为什么新夫人每次见到我时，总是把鼻子掩起来？”

郑袖如实地说：“我也听她说过，可是——”她向楚王一飞媚眼，没往下接着说。

“你说吧！”楚王追问，“夫妻间还有什么不可以坦言的呢？即便是说错了，我也不会怪你的。”

郑袖装出一副害怕的样子，低声说：“她说你身上有一种恶心的味道。”

“啊！我身为国王，身上竟会有臭味？她讨厌我？岂有此理！”这位喜怒无常的楚王发怒了，用力把桌子一拍，狠狠地咆哮起来：“来人哪，快去把那贱人的鼻子给我割下来。”

新夫人的容貌被毁了，郑袖的情敌被打倒了，楚王立即又独宠郑袖了。

第十一计　李代桃僵[1]

“李代桃僵”本意是指兄弟要像桃李共患难一样相互帮助，相互友爱。此计用在军事上，指在敌我双方势均力敌或者敌优我劣的情况下，用小的代价换取大的胜利的谋略。在处世上，则表现为为了整体和长远的利益，必须放弃局部利益时，要勇于作出一定的牺牲。

原文

势必有损[2]，损阴以益阳[3]。

注释

①李代桃僵：用优等的代替劣等的，用有用的代替无用的。僵，干枯。

②势：局势。损：损失。

③损阴以益阳：当战局发展到自己必须以某种损失、失利为代价才能取得最终胜利时，指挥者应当机立断，牺牲某些局部或暂时的利益，以保全或争取全局的、整体性的胜利。这是我国古代阴阳学说中阴阳相生相克、相互转化的智慧。阴，指某些细微而局部的事物。阳，指整体的、全局性的事物。

译文

当局势发展到损失在所难免的时候，要以大局为重，舍弃部分利益，以求全局利益的平衡。

按语

我敌之情，各有长短。战争之事，难得全胜。而胜负之诀，即在长短之相较；乃有以短胜长之秘诀。如以下驷敌上驷，以上驷敌中驷，以中驷敌下驷之类，则诚兵家独具之诡谋，非常理之可测也。（佚名）

谋略精解

“李代桃僵”原意是指李树代替桃树受虫蛀，用来比喻兄弟休戚与共的情谊。后来引申为相互替代、代人受过等行为。此计中“李”是牺牲方，“桃”指受保全方。“桃”“李”能相互替代，而“桃”比“李”更重要。

在理解、实施“李代桃僵”计策的过程中，应当注意和善于把握几个方面：

第一，高瞻远瞩，有敏锐的眼光和敢于决断的魄力，这是运用此计的先决条件。不懂得取舍，被优柔寡断、目光短浅所累，往往难以做出正确的决策，从而失去许多大好时机。

第二，“李代桃僵”之计，其深意在舍小取大。此计是为了通过某种人为转换，取得优势和胜利而设的策略。因此，“舍”要真舍，要能忍痛割爱，才能引对方上钩。“舍”不了小，是取不了“大”的。

第三，“李代桃僵”之计，其真谛在“代”上。因而运用此计时，必须对“代”的问题深思熟虑：谁代，谁能代，用谁去代最好，如何代，等等。对这些问题都要周全谋划，做出策略。例如，田忌赛马，只有精心筹划才能稳操胜券。

第四，要谨防对方对我方运用此计。如果无原则地承揽别人的过错，很容易被利用，成为别人的挡箭牌、替罪羊。所以，在承揽罪过时，要分清对象，非己之过最好不要去揽，以防做出无谓的牺牲。同时，争执是非之地不要久留，以防被人栽赃、嫁祸。而承受了不白之冤一定要及时申诉，因为蒙冤的背后肯定有另一方逍遥法外、幸灾乐祸。因此，一旦发现自己做了替罪羊，要奋起反抗，不可忍耐，不必无缘无故代人受过。

兵家活用

“李代桃僵”之计主张忍痛割爱才能避免全盘皆输。形势所迫时，做弃小取大的决定也是需要勇气的。

1918 年 4 月 25 日，德军入侵克里米亚半岛，将予以反击的苏联黑海舰队围困在了塞瓦斯托波尔港内。几天后，黑海舰队奉命冒险突围，不料德军占据在港口的制高点，以密集的火力向苏联战舰射击。苏军遭受攻击的两艘战舰侥幸逃脱，其余的战舰被迫退回港内。

5 月上旬，迫于形势，黑海舰队全体转移到了塞瓦斯托波尔港内侧的一个小军港里。由于小军港无法满足 70 多艘战舰的物资供应，不久，2000 多名官兵身陷绝境。而此时，苏联全线吃紧，无法抽调军事力量援助黑海舰队。气势汹汹的德军趁机对苏军下达最后通牒，声称如果黑海舰队不全体投降，就马上对其发动毁灭性的攻击。

列宁立即召集苏联政府的所有高级领导人紧急磋商，制定对策。很多人主张：黑海舰队应就地坚守，与德军决一死战。列宁则认为，英勇善战的黑海舰队官兵是国家的宝贵财富。在目前这种形势下，如果与敌人硬拼，结果必然是舰队官兵全部献身，而战舰则会沦为德军的战利品。与其这样，不如放弃反抗，保全舰队的广大官兵，避免无谓的牺牲。同时，让官兵亲自毁掉战舰，不让它们落入敌手，成为敌人攻击苏联的武器。在列宁的坚决主张之下，苏联政府最终做出了大胆的决定：让黑海舰队战舰全部自沉。

6月18日，黑海舰队2000多名官兵巧妙脱险。在离开以前，他们炸毁了战舰，黑海舰队70多艘战舰全部自毁沉没。德军发动进攻后，只见到黑海舰队官兵遗弃在岸上的少量物资及设备，连一艘可以使用的舰船都没有找到，大失所望。

在当时紧迫的情况下，黑海舰队势必要亡。要么沉于海，要么陷于敌手。自沉战舰，对于苏军来说，固有不舍，但不沉不但救不了军队，舰船落入敌手害处会更大。苏联政府“李代桃僵”的决策，不仅最大限度地保存了军队的力量，还使敌人没有丝毫便宜可得，可谓英明。

处世活用

政治斗争十分残酷，在不得已的情况下，灵活运用“李代桃僵”之计，可以收到“丢车保帅”的效果，从而保存实力，以换取更大的胜利。

春秋末期，齐国大夫田成子独揽大权。当时齐国正面临内外交困的局面，在内百姓怨声连天，在外其他各国不服。田成子一直苦无良策。

祸不单行，这时，越国又以他篡权为由，准备出兵攻打齐国。田成子一下便慌了阵脚，急忙召集幕僚商量对策。有人说：“越国来犯，实在欺人太甚，我国兵力虽不如越国强大，但如果动员全国军民共同抗敌，还是有希望的。”有人说：“时下国内人心浮动，许多臣民还没有来得及享受到大王的恩惠，恐怕他们都不愿意倾城出动。”有人建议：“大王何不效仿他国，割让几个城池给越国？兴许可以化干戈为玉帛。”田成子在心里琢磨：倾城出动迎敌，不仅耗费太大，而且不一定能取胜。现在自己地位还不稳定，闹不好还会出现反戈一击的局面。割让城池也非上策，自己刚刚掌权，就舍城弃池，将来没有建立威望的基础，一定后患无穷。

正当田成子殚精竭虑时，他的哥哥完子献出一计：“我请求大王准许我率领一批精兵强将出城迎敌。迎敌一定要真打，打一定要战败，不仅战败，而且一定要全部战死。如此可退越兵，保全国家。”此言一出，满座皆惊，田成子不解地说：“出城交战可以，可是一定要败，败还一定要死，我就不明白了。”完子从容地答道：“你现在占据齐国，老百姓不了解你的治国本领，也没有看到你的政绩。人们私下议论纷纷，说你是窃国之贼，于是不愿意为你打仗。现在越国来犯，又有不少骁勇善战之臣认为我们蒙受了耻辱，急于出兵迎战。这样混乱的齐国实在令人担忧。”“兄长所言极是，可是为什么非要主动战死才能保全国家呢？难道没有别的办法吗？”田成子面对仁爱而又勇猛的哥哥仍苦思不得其解。完子说：“越国出兵无非是要在诸侯面前显显威风，捞个正义的名声。以它现在的实力完全吞并我们还不可能。我带领一批贤良之士，出城迎敌，战而败，败而死，这叫以身殉道。越国一看杀死了大王的兄长，教训我国的目的达到了，就会退兵回城。而随我战死的那些人也了了为国捐躯的心愿，这样一来，国内的人心也就稳定了。所以，依我来看，这是最好的救国之道了。”

田成子边听边落泪，无奈，听从了兄长的建议，哭着为他送别。完子以身殉道，最终救了齐国。

在这个故事里，完子正是在权衡各方面利弊之后，果断决定“李代桃僵”，以己之死，保全国家，才最终让齐国得以安定。

第十二计　顺手牵羊[1]

这是一条乘敌之隙补己之短的谋略，为了削弱敌人力量，不断发展和壮大自己，要善于利用敌方的弱点和失误捕捉战机，眼疾手快，果断采取行动，以削弱敌人的力量。

原文

微隙[2]在所必乘，微利在所必得[3]。少阴，少阳[4]。

注释

①顺手牵羊：趁机顺手把别人的羊牵走。军事上指利用敌人的间隙或薄弱之处，达到取胜和发展的目的。

②微隙：微不足道的小漏洞、小疏忽。

③微利在所必得：小的胜利也非得争到手不可，积小胜才可以成大胜。

④少阴，少阳：我方要善于捕捉时机，伺隙捣虚，用敌方小的疏漏获取我方小的利益。少阴，此指敌方小的疏忽、过失。少阳，比喻小胜利。

译文

微小的空隙，必须利用；微小的利益，也必须获得。变敌方小的疏忽为我方小的利益。

按语

大军动处，其隙甚多，乘间取利，不必以战。胜固可用，败亦可用。（佚名）

谋略精解

“顺手牵羊”，顾名思义，指趁机拿走原本属于别人的财物。后人形象地将其比喻为趁敌人暴露出小空隙，向其薄弱处发展，创造和捕捉战机，逐步削减对方的力量，增强与壮大自己的实力。这份增强与壮大的实力，恰恰来自自己的敌人，而非别处。

从一般意义上说，这一计谋含有在完成任务的过程中，看准对方空隙，果断出击，顺势从中捞取好处的意思。而这种空隙是在双方对垒的过程中突然暴露的，不是事先能预料到的。顺手牵羊的“牵”，并不是专门去取、去要，原本的目的也并不是去牵“羊”，甚至还不懂得有“羊”可牵，但在做主事之同时，却无意中发现了“羊”这个可取之利。而至于“微隙”能否利用，是否必胜，还要从全局进行考虑，不可因小而失大。

本计谋讲的虽是抓住和利用对方微小的漏洞，其实也是在告诉我们另外一个道理：做事需要从小处着眼，往往大的胜利就是从小胜开始，积小成大的。而机会的捕捉，又常常是从细致的观察和分析之中获得。

在运用“顺手牵羊”计策时，应重视以下几点。

第一，理解好本计的内涵。“顺”指无意之间的捎带，而不是有意为之。要能顺手牵到“羊”，只能靠自己的观察、分析、寻找、捕获，抓住对方弱点，才可能有获胜的结果，这是最重要的。

第二，用好此计，关键在于主观努力。打胜仗时可用之，打败仗时也可用之。古今中外很多绝处逢生的战争，就是获胜方在最初大败之时还能静下心来观察局势，寻找和利用对手可能出现的过失，哪怕这过失极小，都可以让人反扑、回生、取胜。因此，败不馁极其可贵。而在商战中，人们更要培养和加固自己的心理素质，虽败犹荣，屡败更要屡战。

第三，要活用“顺手牵羊”之计，更要有积极的准备，自己去创造机会，利用一切机会。

第四，不要在发生以下两种情况时“顺手”。一是在影响主要目的的实现时，不能捡了芝麻丢了西瓜。二是不要在不可顺手的情况下强行取利，要以大局为重，得之顺便，获之顺势。

兵家活用

19 世纪初期，一个晴朗的夏日，一支强大的英国舰队突然出现在西班牙的加的斯港。这支舰队的作战企图是夺取这个港口，控制地中海的入口处。

指挥这支舰队的是大英帝国国王威廉三世派遣的奥蒙德公爵和乔治·鲁克爵士。这支庞大的舰队临近港口时，由于敌情不明，两个指挥者未敢贸然发动进攻。事实上，当地守军并没有太坚固的防御，如果英国舰队发动突然进攻的话，则可一举拿下港口，夺取制高点，轻而易举地获胜。然而，舰队的二位指挥者都是贵族出身，平时吃喝玩乐在行，而打起仗来却没有多少计谋。

乔治爵士倒还有些主见，说：“国王这次命你我远征，我们应该尽快解决战斗，突然占领港口，这样才能有立足之地。否则，舰队的水和食品用完了怎么办？”他主张立即进攻。

而奥蒙德公爵却说：“我看，还是稳一点为好，我们远道而来，是为了占领这个港口，不是打一仗就走。要是贸然行动，导致全军覆没，国王一定会怪罪你我，革去爵位事小，丢了性命可就不值得了。”

乔治爵士听他这么一说，也觉得负不起责任，问：“你说该怎么办呢？”

“命令水兵乘小船分批登陆，抢占滩头阵地，夺取要塞，逐步占领港口！”奥蒙德公爵十分坚定地说。

一声令下，士兵们纷纷跳上小船，向滩头发起冲锋。开始时英军十分顺利，基本没有遇到抵抗。英军以为当地守军被吓破了胆，不敢抗击了。

实际上，英军的作战企图一开始就被西班牙人识破了，他们火速调集兵力，调整部署。但是，由于当地兵力不足，暂时没有进行大规模的抵抗。

英军进攻顺利，得意忘形，一路见人就杀，见东西就抢，就连教堂也不放在眼里，纵火便烧。这种烧杀抢掠、亵渎神明的行为激起了当地民众的强烈反抗，老百姓纷纷起来用自制武器对抗英军。英军则陷入了被动。

奥蒙德公爵和乔治爵士指挥作战不力，缺乏统一计划，使得英军一遭到抵抗，便乱了阵脚。西班牙守军则借机从容地加强了防卫。

战斗持续了近一个月，英军发动多次进攻都没能拿下港口。眼看着食品和淡水快要用完了，奥蒙德公爵和乔治爵士非常沮丧。

“再打下去我们可支撑不住了，不如收兵回国吧！保存一点兵力也好向国王交代。”乔治爵士建议。

“只有这样了，让各舰清点人员和食品及淡水储备，计划好每天的消耗，我们起程吧。”奥蒙德公爵最后下了决心。

舰队正准备掉头返航时，两位指挥突然接到一份报告：“一批西班牙运宝船，刚刚停靠在离加的斯港不远的比戈湾。”

一听有运宝之船，奥蒙德公爵和乔治爵士顿时来了精神。公爵说：“感谢万能的上帝，我们发财的机会来了！远洋出征这么长时间一无所获，若能抢得这批宝物，大家发财不说，回去在国王面前也好说话了。”

爵士接过话来说：“登陆作战我们没有经验，海上攻击却不一定不行，况且，对手是运送宝物的商船，没有什么防卫力量，这真是上帝赐予我们的报仇机会呀！”

“目标比戈湾，全速前进！击沉宝船，人人有份！”这次奥蒙德公爵的命令充满了自信心。

水兵们在黄金宝物的刺激下，对比戈湾运宝船队进行了疯狂的袭击，将船只全部击沉、烧毁、俘获，同时，劫得100万英镑。

回到国内，奥蒙德公爵和乔治爵士，添油加醋地向威廉三世报告一番顺手牵羊的“战况”，同时交出了部分抢到的英镑。

威廉三世高兴之下，不仅没有对二人治罪，反而大大地表扬了一番。

“顺手牵羊”的意义，是让人们不要把全部注意力都集中在一件事情上，而要把视野放得宽一些，这样就能充分地了解和利用客观反映出来的获利的可能性。

处世活用

在生活中，“顺手牵羊”指借机做事，不费力气。春秋时期的蔡侯就曾利用楚王的好色，轻而易举地“顺手牵羊”，牵走了息侯的夫人，为自己报了奇耻大辱。

春秋时，蔡侯与息侯同娶陈侯之女，蔡侯娶大女，息侯娶小女。息侯夫人妫氏生得国色天香，娇美异常，蔡侯垂涎已久。

一日，息夫人回陈国探亲时经过蔡国，蔡侯不讲礼数地对其动手动脚。息夫人借口辞行，才免于受辱。回国后，她将此事告诉了丈夫息侯。

息侯大怒，心想一定要教训教训蔡侯不可。于是他便派人到亲近的楚国与楚王商议，欲以蔡国散布谣言破坏息、楚关系为由收拾蔡侯，楚王应允。

随后，息侯谎称楚国攻息，向蔡侯求救。蔡侯不知是计，亲自率军前来救援，结果被楚军打得落花流水，息侯却按兵不动。蔡侯叫苦不迭，受辱被俘。

释放蔡侯回国前，楚王为他设宴饯行，席间美女歌舞甚是华艳。蔡侯心念旧恨，计上心头。当楚王夸一个弹筝女很美时，蔡侯便说："依我看，这世上最漂亮的女人莫如息侯夫人息妫。息妫跟这女子相比简直就是明月照油灯。"楚王好色，经他一说便非要见一面不可。

第二天，楚王便要求息侯将夫人带来为自己敬酒，息侯只得从命。这天，楚王一夜未眠，想出了夺取息妫之策。第二天，楚王设宴，酬答息侯，却暗中设兵，伺机强夺。息侯满心欢喜地应召赴席，酒至半酣，楚王便提出让息夫人入席慰问。息侯胆战心惊，借口说回去与息妫商量再说。楚王发威将其绑上，闯入宫中夺走息夫人。

"顺手牵羊"难在时机的把握要拿捏得当。牵羊的前提是准确判断时机，并能迅速找到"顺"的方法，也就是天时地利。蔡侯掌控时机，直逼楚王的弱势，成为楚王"顺手牵羊"的帮凶，达到了报仇的目的。

第十三计　打草惊蛇[1]

此计是一条间接的侦察谋略，它提醒我们对于有怀疑的事情要了解清楚，等明了以后再行动，否则会一败涂地。

原文

疑以叩实[2]，察[3]而后动；复者，阴之媒也[4]。

注释

①打草惊蛇：原意是通过打动草，而使隐藏在草里的蛇受到惊吓，四处逃窜。此处指发现敌方虚实情况的一种方法。

②叩实：问清楚，查明真相。叩，询问，寻求。

③察：查明情况。

④复：反复，一次次地。阴：此指某些隐藏着的、暂不明显或未暴露的事物、情况。媒：媒介。此处指实现计谋、目的所采用的手段或方法。

译文

有可疑的情况，就要侦察清楚，完全掌握了情况再行动；反复侦察，是发现隐情的重要手段。

按语

敌力不露，阴谋深沉，未可轻进，应遍挥其锋。兵书云：“军旁有险阻、潢井、葭苇、山林、翳荟者，必谨复索之，此伏奸之所藏也。”(《孙子兵法·行军篇》)

谋略精解

蛇一般是隐藏在草丛中的，要发现蛇的办法就是先打草，打草是为了惊蛇而做准备。如果地形不利，或者没有足够有力的工具打蛇，那么即使蛇已经暴露在我们面前，也要暂缓行动，以防蛇跑掉，失去机会。

在“打草惊蛇”中，“草”与“蛇”是性质完全不同而联系又极其紧密的两种事物。“蛇”依靠“草”进行隐蔽，“草”是“蛇”的保护伞。如果有敌情，“草”可以及时向“蛇”传递讯息。因此，“草”在一定程度上可以说是“蛇”这个敌人的同类。

“打草惊蛇”的目的有以下几个方面。

一是惊出蛇。当前方道路不明时，可以通过打草或投石制造声响，敌人误以为我方已经行进到跟前，便会主动出击，结果暴露了自己。这是一种间接的侦察方法，火力侦察时的先行试点就属于此类应用，又称引蛇出洞。总之，都是为了了解蛇的位置、力量、意图、动向等情况，便于我方躲避，或将蛇引出来，将其消灭。

二是惊醒蛇。世界上的事物相互联系、相互影响，触动其一，往往会牵带许多相关的事物。可以利用此特点惩处甲，以达到警告乙的目的，这是一种间接警告的策略。

三是惊走蛇。要想把行进途中危险的蛇赶跑，可以通过打击路边的草得以实现，是一种有效而没有危险的计策。这种间接的驱赶方法尤其适用于不便或不愿意与敌人进行直接接触，而只需要将其赶跑的情况。

总之，当“打草惊蛇”作为谋略时，在敌方兵力没有暴露，形迹诡秘，意向不明时，切记不可轻敌冒进，应当充分掌握对方的主力配备、行进路线等状况后再做决定。

兵家活用

“打草惊蛇”原意是捕蛇者为了容易发现蛇，故意打草惊动蛇，诱使它出来，而进行捕捉。在军事上是指通过反复侦察，确定敌人意图，找准对方弱点，从而“引蛇出洞”加以消灭。

在斯大林格勒保卫战中，德军几乎调动了东线所有兵力对斯大林格勒实施围攻，大有不拿下该城誓不罢休的架势。

战争进行到最激烈的阶段，距斯大林格勒400千米的著名红军将领瓦杜丁，率领部队在外围顽强地阻止了德军进攻之后，赢得了短暂的休整时机。而未能突破瓦杜丁防线的德军，在原地驻扎下来，开始整修工事，丝毫没有再度进攻的意思。和斯大林格勒相比，这里的战斗已经变得不那么激烈。

这种不太正常的反差，很快引起了瓦杜丁将军的警惕。他猜测，这可能是德军的缓兵之计，目的是拖住他的部队，让其无法前往支援斯大林格勒。

瓦杜丁将军意识到了问题的严重性，开始严密分析局势：如果调部队去救斯大林格勒，德军势必从背后追击，这样反而把敌人引进了斯大林格勒。而如果按兵不动，只看住面前的这些敌人，那又正中了德军的圈套。怎么办才好呢？眼看德军大批大批地调动兵力，致使斯大林格勒危在旦夕，瓦杜丁将军决定果断采取“打草惊蛇”的战术，以迫使进攻斯大林格勒的德军将援兵抽回。

在瓦杜丁将军的指挥下，红军飞机白天在德军上空盘旋，夜里往德军军营投掷炸弹，不间断地实施骚扰。这一举动开始并没有引起德军多大的反应，几天之后，德军就被搅得惶惶不安了。晚上睡不好，白天也不敢出来晒太阳，整天缩在掩体里无法动弹。但奇怪的是，德军并没有大规模地抽调兵力。

瓦杜丁一看德军不见棺材不掉泪，索性组织了一次真正的进攻。他派部队绕到德军背后，在一天晚上突然向敌军发起了进攻，并迅速占领了德军的后方阵地。德军没有摸清苏军的作战意图，加上连日来红军飞机不断轰炸，便以为红军真的要从后方阵地实施战略总攻，于是立即报告前线总指挥部："红军要从后方实施反攻，请火速调兵增援。"

总指挥部根据种种现象判定红军的真实意图的确是从背后反攻，便急忙从斯大林格勒抽调大量兵力前来应战。而守卫斯大林格勒的部队乘机发起真正的反攻，轻而易举便取得了斯大林格勒保卫战的胜利。

瓦杜丁将军在此战中采取的策略是：佯装进攻，却意在"打草惊蛇"，引蛇出洞，让敌军驻扎在斯大林格勒的兵力迅速减弱，中我埋伏，然后趁机歼之。此举不仅保全了己方的实力，还不费吹灰之力地给敌人以沉重打击。

处世活用

某公司的王某犯了明显的过错，同事都认为科长应该会对他发非常大的脾气，然而科长却只是对王某说"以后要小心一点"，便原谅了王某。为此大家颇不能理解。

不难想象，此时同事们一定议论纷纷："为什么科长不发火？""我做错时被他骂得好惨！""科长说不定欠了王某什么人情！"

科长这次采取了温和的做法，那下回林某犯错时，也就一样不能对其斥责了。渐渐地，他的刀口越来越钝，最后会落得个谁也不能骂的结局，从而无法继续管理部属。所以有人主张在需要斥责时，要大声地斥责。

在众人面前斥责某位部属，其他的部属亦会引以为戒。此即所谓的“杀一儆百”。其意并非真的要处罚百人，而是要借由处置一人来让他人反省。当场被斥责的人，就像是众人的代表，让其他人心生警惕。

而这个角色并非每个人都能胜任，你必须选出一位个性适中的人，要开朗乐观、不钻牛角尖，并且不会因为一点琐事而动摇意志。要避免选用容易陷于悲观情绪或者神经太过脆弱的人，如果错误地选择了此类型的属下，以后将带给你更多的困扰。

某家百货公司的营业部主任，平时便对太过懒散的采购部科长颇不满，但由于对方的身份是科长，因此无法当面指责。虽然这位主任曾经和自己的上司讨论过此事，但最终没有拿出任何解决方案。

就在他苦思如何利用机会和对方直接谈判时，分发部的一位职员因超过交费期限而出现了问题。营业部主任便趁机特意在采购部科长面前大声斥责这位职员：“不是只有今天，这种情形已经发生过很多次了！”采购部科长没有发表任何意见，然而此后他的工作态度发生了极大的转变。

这位主任巧用“打草惊蛇”一计，利用了“草”与“蛇”、下属与上级之间的关联，斥责一人，警示他人，实为巧计！

第十四计　借尸还魂①

“借尸还魂”原意是说已经消亡的、不存在的东西，又借助某种形式得以出现，作为军事计谋，则是说要善于抓住一切机会，甚至看上去毫无用处的东西也可以加以利用，争取主动，扩大成果。

原文

有用者，不可借②；不能用者，求借③。借不能用者而用之，匪我求童蒙，童蒙求我④。

注释

①借尸还魂：借用别人的尸首，还原自己本来的面目。尸，代指死亡了的东西。魂，古时指代人的精神灵气。

②有用者，不可借：许多看上去可以利用的事物，往往难以驾驭和控制，因此不适宜取用。

③不能用者，求借：有些看上去似乎没有什么帮助的事物，却不妨利用它为己发挥作用。

④匪我求童蒙，童蒙求我：不是我求教于愚昧者，而是他们求教于我。此处有己方支配他人的意思。童蒙，幼稚而蒙昧的小孩。

译文

凡有作为的，不可加以利用；凡是没有作为的，必然会求助于我以自立。越是那些没有用或是没有作为的，我却要利用它，如同蒙昧者主动求教于我，而不是我去求教于蒙昧者。

按语

换代之际，纷立亡国之后者，固借尸还魂之意也。凡一切寄兵权于人，而代其攻守者，皆此用也。（佚名）

谋略精解

“借尸还魂”计意在要想获取成功，可以求助于微茫，求助于日暮途穷的事物。“借尸还魂”比喻已经死亡了的东西，又借着另一种形式出现。其实质是利用已经处于衰亡事物中的某些有利形势，增添生机勃勃、强而有力的新内容，从而改变原有事物，使其出现新的面貌。

这种转换，有时对成功、对达到某种目的具有难以替代的积极作用。这种策略看起来似乎是匪夷所思，让人难以置信，却是真真实实地存在着，而且是实实在在地获得了成功。

历史上，每当改朝换代之时，新一代的崛起者纷纷扶植亡国君主的后代，打着他们的旗号来号召天下，为自己的行为进行铺垫，达到夺取天下的目的。这就是“借尸还魂”的谋略。

但凡失败之后，一个人会有两种态度：一是一蹶不振，自暴自弃；二是寻找机会，重整旗鼓。“借尸还魂”便属于后者。在军事上，“借尸还魂”主张在已经丧失战争主动权的情况下，也应该利用一切可以利用的机会，转败为胜。因此，指挥官一定要善于观察和分析战争中各种力量的变化，善于利用一切可以利用的力量。即使己方受挫，陷入被动，也要倾尽全力，网罗一切为我所用，达到取胜的目的。

兵家活用

“借尸还魂”的谋略，在国际上也常被人运用。第二次世界大战时的荷兰，就有姐弟俩巧妙地借敌国飞行员之“尸”，为其还“魂”，成功地达到了蒙蔽并打击敌人的目的。

在第二次世界大战中，荷兰沦陷。英勇的荷兰人民纷纷主动拿起武器，共同抗击德国法西斯。此时，荷兰北部出现了一个极具影响力的秘密抵抗组织。据说这个组织是由一位名叫约翰尼·斯皮特法尔的英国皇家飞行员发起和领导的。这位飞行员在对德作战中屡建奇功，有很强的号召力，追随者众多。但是这位神秘的飞行员从未露过面，他的计划、命令等都是由安妮姐弟俩传达的。直到战后，盟军才弄清楚，原来这个抵抗组织的领导人并不是英国皇家飞行员，而是安妮姐弟俩。

事情的缘由是这样的：德国占领荷兰后，开始大肆镇压和迫害荷兰人民。安妮姐弟俩的双亲同样惨遭杀害，他们与德军结下了不共戴天之仇。一天晚上，他们在自家门口发现了跳伞时身负重伤的英国皇家飞行员约翰尼·斯皮特法尔，两人便迅速地把他抬回家里，精心护理，并偷偷请来医生为他治疗，还冒着生命危险为飞行员找药。但由于飞行员失血太多，没过几天就去世了，为此，姐弟俩十分悲痛。为掩人耳目，他们给飞行员换上了当地人的服装，然后把他安葬了。

当他们整理飞行员的遗物时，忽然产生了一个大胆的想法：何不利用飞行员的名义来组织一个抵抗组织，向德军报仇雪恨呢？姐弟俩敢想敢干，他们很快便开始以已故的英国皇家飞行员的名义招兵买马。

结果，当地不少人的加入，使得这个组织一时间在荷兰北部名声大噪。他们多次向德军出击，让德军遭受了一次又一次的沉重打击。

随着世界反法西斯战争走向胜利，德国法西斯逐渐走向没落，其失败命运已成定局。安妮姐弟俩也知道，战争一旦结束，英国必然会派人来查找约翰尼·斯皮特法尔的下落。为了继续隐藏秘密，姐弟俩一致对外谎称飞行员在一次事故中不幸牺牲了。战后，盟军派人前来调查，最终弄清了事情的真相，并对安妮姐弟俩予以了嘉奖。

安妮姐弟俩正是使用了“借尸还魂”之计，利用英国皇家飞行员的名义，积极组织抵抗运动，与德军浴血奋战，最终取得了辉煌的胜利。

处世活用

曹操的“挟天子以令诸侯”可以说是运用“借尸还魂”谋略的经典范例。

曹操刚崛起时，天下主要势力各有优势：孙策凭借长江天险而固守，刘备凭借“光复汉室”而感召天下。在群雄并起的形势下，欲谋求霸业，必须创造一种独有的优势来号令天下。曹操经过比较权衡，决定以“奉戴天子”，即所谓的“挟天子以令诸侯”作为自己的政治优势。

曹操之前，汉献帝这面“义旗”由董卓控制着。只可惜董卓是一个专横跋扈、滥施淫威的暴徒，没能很好地利用这一优势，很快便落得“暴尸于市”“焚尸于路”的下场。此后，汉献帝在杨奉、董承等人的护卫下离开关中。要不要趁机迎奉献帝，成了摆在曹操面前的一大问题。

经过一场激烈的争论及一番艰苦曲折的努力，曹操终于在建安六年（203 年）八月将当时窘困流徙的汉献帝迎至许都，并由自己充当献帝的保护人。曹操这样做，不仅使自己获得了高于所有文臣武将的地位，而且将汉献帝变成了帮助自己发动统一战争的工具。从此，无论是征伐异己还是任命人事，他都能以献帝的名义，名正言顺地置对手于死地，给自己创造了极大的政治优势。

中国古代有一句歇后语，叫作“为了打鬼，借助钟馗”。借助钟馗打鬼，确实是十分高明的做法和谋略。因为鬼是怕钟馗的，因此，谁利用了钟馗，谁就掌握了打鬼的优势与主动权。这与“借尸还魂”有异曲同工之妙，曹操就是借了“天子”，才拥有了号令天下的特权，为他的政治事业创造了无数便利。

第十五计　调虎离山①

“调虎离山”是一种调动敌人的谋略。在《管子》一书中就有“虎豹去其幽而近于人，则人得之而易其威”这样的话。在这一计中，“虎”是指强敌，这是一种形象的说法；“山”是指对敌人有利的条件。调虎的目的是将“老虎”（强敌）从其盘踞的“山”（有利条件）上引下来。

原文

待天以困之②，用人以诱之③，往蹇④来连。

注释

①调虎离山：原意是指引虎出山，同“放虎归山”的意思正好相反。比喻在战争中，把敌方从对其有利的阵地诱骗到对其不利而于我方有利的地理位置，从而取胜。

②待天以困之：在战场上，等待不利的客观条件出现时，再去对敌方进行围困。天，天时、地理等客观条件。

③用人以诱之：用人为的假象去诱惑敌人，使其就范。

④蹇：困难。

译文

利用自然条件给敌方增加困难，再用人为的假象去诱骗敌方。向前进攻会有危险，敌人来犯则有利。

按语

兵书曰：“下政攻城。”若攻坚，则自取败亡矣。敌既得地利，则不可争其地。且敌有主而势大：有主，则非利不来趋；势大，则非天人合用不能胜。汉末，羌率众数千，遮虞诩于陈仓、崤谷。诩即停军不进，而宣言上书请兵，须到乃发。羌闻之，乃分抄旁县。翔因其兵散，日夜进道，兼行百余里，令军士各作两灶，日倍增之，羌不敢逼，遂大破之。兵到乃发者，利诱之也；日夜兼进者，用天时以困之也；倍增其灶者，惑之以人事也。（《后汉书·虞诩传》《战略考·东汉》）

谋略精解

“调虎离山”，意即把老虎诱出深山外。将老虎诱出深山外干什么呢？是为了便于捕杀。古人云：山高林深，必有猛虎出没。山林是虎的巢穴，虎踞山林之中，当然更有威势。要想在山林中与虎相斗，势必难以取胜，而如果能将其诱出，使其离开巢穴，变优势为劣势，要捕杀它，就容易多了。

此计用在军事上，是一种调动敌人的谋略。虎，指代敌方；山，指代敌方占据的有利地势。强敌占据地利相当于强上加强，好比兽中之王老虎，如果占据高山，借百兽以增势，便可横行无忌。而当老虎失去有利地形，又与百兽分开时，虎势便大大分散、减弱，再行消灭时则容易得多，正可谓虎落平川被犬欺。因此，面对占据有利地势的强敌不便强攻时，要诱骗、调动其离开优厚的自然条件，我方取胜的可能性就会更大。它的核心在一个“调”字。“调”要做到巧妙、灵活，隐真示假，既要达到让“虎”离山的目的，又不至于弄假成真，让“虎”反咬一口。

因此，在运用“调虎离山”之计时，要灵活运用“调虎”的技巧。一般而言，可以采用如下方式。

一是利用各种手段迷惑敌人，造成敌人在判断上的失误，或者根据敌人的特点和需求，以多种利益进行诱骗，促使敌人离开其有利地势或赖以生存之地，以达到“调虎离山”的目的，形成对我方有利的局势。

二是激怒敌人，使其丧失理智，最后不知所措，只得撤离。

三是在敌人的内部或外部制造混乱，敌人为了自保就会逃离。

四是断其后援，使其感到原地不可留。

五是向敌人讲明形势，让其晓以利害，自动退让。不动干戈是上上策，但此策略有其局限性，敌人必须是明智之人，否则很难实行。

兵家活用

“调虎离山”之计意在当面对强敌占据有利条件，无法正面强攻时，就应诱骗，调动敌人改变据守战略，失去良好的自然条件。而“调”，要做到巧妙、灵活。

春秋时期，齐国的田常想发动政变。但由于当时齐国的四大家族高、国、鲍、晏实力太强，田常担心政变难以成功，于是就生出一计：调这四家的兵力去攻打鲁国，以削弱他们的实力。

鲁国是孔子的故乡，孔子听到消息，怕鲁国遭难，便立刻派子贡到齐国游说田常。

子贡对田常建议：“依我看，伐鲁不如攻吴。鲁国弱小，如果把鲁国灭了，这四家的实力不就更强大了吗？而攻吴一旦不胜，就会大大削弱这四家的实力，你就可以为所欲为了；退一步讲，即使攻吴获得胜利，这四家也一样会牺牲众多兵力，到时候，胜利者还是你。”鉴于田常担心突然转而伐吴的计划会受到大臣们的怀疑，子贡接着说：“我先去劝吴王救鲁伐齐，到时候你派齐军迎击就行了。”

子贡到了吴国，对吴王夫差说：“攻齐，利大也。”吴王很高兴，愿意出兵攻打齐国，可是他担心越国从中干涉。子贡就说：“我去劝越王，让他带兵和你一道伐齐。”

子贡见到越王勾践，将助吴伐齐的好处说了一大堆。勾践听信了。随后，子贡又到了晋国，称吴国和齐国即将争霸。胜者必然会乘胜伐晋，要做好战争的准备。最后，子贡回到鲁国。

吴王果然兴师伐齐，大破齐军；接着又率兵威逼晋国，在黄池大会诸侯。越王乘吴军主力北上，出兵袭吴。夫差回军与越王三战而不胜，最后被勾践逼得自杀。

为此，司马迁在《史记》中写道：“子贡一出，存鲁，乱齐，破吴，强晋而霸越。”子贡为了达到“存鲁”的目的，巧用智慧，制造混乱，同时调了几只虎出山，不可谓不高明。

处世活用

大家都知道，虎依山生威，虎调离山，则威风顿减，由强变弱。“调虎离山”是一种弱敌对强敌的谋略，它的核心在一“调”字。使用此谋略要巧妙施展手段，把对手引出来，或者诱入事先布置好的“圈套”，使其上当，以达成目的。

在日常生活中，我们总是会遇到一些不讲道理、胡搅蛮缠的人。于这种人讲道理，无疑是自找麻烦，解决问题的一种办法就是运用“调虎离山”的计谋。

“十一”假期期间，阿雅打算回武汉去看望生病的母亲。因为是节假日，所以乘车的人特别多，车站里人山人海，连车厢的过道上也站满了人。幸亏她托朋友提前买了票，才不至于从北京一路站回去。

挤上车后，她按票号找到了座位。过了一会儿，她起身准备去一趟卫生间。谁知她刚一离开座位，就有一位五大三粗的大汉坐了下来。她哭笑不得地说：“大哥，这位子有人了！”那大汉说：“坐坐不行吗？等你回来再给你让地儿不就得了！”阿雅无言以对。

去过卫生间回来，阿雅拍拍他的肩膀说：“大哥，这位子我要坐，请你让一下吧！”可那大汉竟然闭上眼睛，好像睡着了一样，不理不睬。阿雅连叫了他十几声，他似乎有点不耐烦了，睁开眼睛瞪着阿雅，振振有词地说：“这座我坐定了，谁叫你刚才走开的？”阿雅故意提高声音说：“哎呀，这下完了，没有座位我可是要一路站到上海去咯！”

“啊？这趟车到上海啊？坏喽！”大汉一听“上海”二字噌地一下站了起来，急切地问阿雅说：“你说这车是到上海的？”“是啊！这是北京开往上海的特快啊！”大汉求助似的瞅了瞅四周，周围的人纷纷点头，似笑非笑地看着他。“完了完了，我坐错车了！”那大汉边嚷边拎起包，直奔列车员而去。

阿雅耸耸肩膀，对周围的人报之一笑，坦然入座。

我们常常遇到这样的事情，许多人都束手无策，阿雅利用“调虎离山”之计，在不经意中就摆平了这个难缠的大汉，找回了自己的座位。

第十六计　欲擒故纵[1]

“欲擒故纵”中的“纵”，并非说要把敌人放走，而是一直跟随他，只是稍微放松一点而已。《孙子兵法》中说的“对于陷入绝境的敌人，不要将其逼向死路”就是这个意思，其所谓“勿追”，并不是说不必追赶，只是说不要把敌人逼得太紧。

原文

逼则反兵，走则减势[2]。紧随勿迫，累[3]其气力，消[4]其斗志，散而后擒，兵不血刃[5]。《需》，有孚，光[6]。

注释

①欲擒故纵：要想制服、擒拿住敌人，先要放任、顺应他。

②逼：用武力逼迫。反兵：回师反扑。走：逃跑。势：气势。

③累：消耗。

④消：瓦解。

⑤兵不血刃：武器上不沾血。意指不战便使敌人屈服，没有交锋就已经获得胜利。

⑥《需》，有孚，光：要善于等待，保持耐心，前途就会通达

而光明。在军事上，有争取获得敌人信服，前来投降之意。需，等待。孚，俘获。光，通顺，光明。

译文

追击敌人过紧，就要遭到其反扑，让敌人逃去，就可以削减其声势。所以，要紧紧地跟踪敌后，但不要逼迫敌人。借以消耗其体力，瓦解其斗志，等其溃散再加以捕捉。这样不费一兵一卒就可以取得胜利，要善于等待，要有耐性，就会有收获，前途就会通达。

按语

所谓纵者，非放之也，随之，而稍松之耳。“穷寇勿追”，亦即此意。盖不追者，非不随也，不迫之而已。武侯之七纵七擒，即纵而蹑之，故展转推进，至于不毛之地。武侯之七纵，其意在拓地，在借孟获以服诸蛮，非兵法也。若论战，则擒者不可复纵。（佚名）

谋略精解

“欲擒故纵”中的“擒”是行事的目的，“纵”是方法。两者是一对矛盾体。古人有“穷寇勿迫”的说法，事实上，不是主张不追，而是要巧妙地追。

因此，“欲擒故纵”并不是真正的“纵”，而是暂时放一放。但归根到底是要擒的，而且“放”是为了彻底降伏，只是这一“擒”不能花费过高的代价，要想方设法让敌人不能反抗，无力反抗，或根本就不想反抗。这正是“欲擒故纵”的要义。

对于敌人，最终是要战胜它、消灭它的，但什么时候战胜它、消灭它，怎样战胜它、消灭它，是有策略的。古人也有“攻心为上”的古训，不流血而战胜敌人，不付代价、少付代价而胜，岂不更好？

总之，“欲擒故纵”的“纵”，不是要求人们对敌人放任不管，任其作乱和妄为，而是暂时放松一下，给其一定宽松度，以免对方感到无路可走而采取极端的方式，但同时还要紧紧地跟随。这样，会使自己减少取胜的代价。

运用此计时，要铭记以下三点。

一是抓牢手中的线，以防“欲擒故纵”之计前功尽弃。风筝飞得再高，离我们再远，只要我们手中有一条长线牢牢牵着它，它就会受我们的控制。对待敌人也应该如此，要始终追随敌人的踪迹，在施计的同时防止其跑掉。

二是待敌人跑累了我们再擒。落入我们掌心的敌人只要觉得还有一丝逃生的可能，便会拼命地逃走。在惊慌恐惧中拼命逃跑，既是体力上的消耗，也是精神上的消耗。如果我们在给他施加死亡威胁的同时，又留给他逃脱的幻想，他就会出于避害，一直拼命跑下去。而我们只要等到他跑累了停下来，丧失了基本的反抗能力时便可手到擒来。如果在他仍有反抗能力的时候行动，他定会拼死反攻，争个鱼死网破，我们的损失在所难免。

三是故意放纵敌人，让其丧失警觉。在敌人面前，我们可以故意退让，让其自我膨胀，以为我们实力弱小，根本无法与他们抗衡。其思想松懈、丧失警惕之时便是我们捕捉的良好时机。

兵家活用

三国时期，诸葛亮所使用的“七擒七纵”的计谋，就是“欲擒故纵”的典型战例。

蜀汉建立之后，有一天，益州飞报：“蛮王孟获大起蛮兵10万，犯境侵掠。建宁太守雍闿乃汉朝什邡侯雍齿之后，今联结孟获造反。牂牁郡太守朱褒、越嶲郡太守高定二人献了城；只有永昌郡太守王伉不肯反。现今雍闿、朱褒、高定三人部下人马，皆与孟获为向导官，攻打永昌郡。赖王伉与功曹吕凯，会集百姓，死守此城，其势甚急。”

诸葛亮闻报后，奏明后主，乃出大军南下讨伐。先行收服高定，并用计斩杀雍闿、朱褒二人。第一次擒得孟获之后，立即释放。众将进帐问道：“孟获乃南蛮渠魁。今幸被擒，南方便定，丞相何故放之？”孔明笑道：“吾擒此人，如囊中取物耳，直须降伏其心，自然平矣。”这是因为诸葛亮具有远见，为了永绝后患，才如此而为之。

此后，孟获接连又被擒住四次，但均表示不服。孔明依然将其释归。

第六次，孔明由于有孟获之长兄孟节的协助，再度擒住孟获，孟获仍表示不服。孔明仍将其放归。到第七次，孔明以烧藤甲兵擒住孟获之后，孔明派人对孟获说：“丞相面羞，不欲与公相见。特令我来放公回去，再招人马来决胜负，公今可速去。”孟获终于垂泪而说：“七擒七纵，自古未尝有也。吾虽化外之人，颇知礼义，直如此无羞耻乎？”遂同兄弟、妻子、宗党人等，皆匍匐跪于帐下，肉袒谢罪道：“丞相天威，南人不复反矣！”孔明说：“公今服乎？”孟获泣谢道：“某子子孙孙皆感覆载生成之恩，安得不服？”

其实，这里所讲的诸葛亮“七擒七纵”孟获的情节，只不过是夸张的说法，近乎儿戏。但这个近乎神话的故事，作为政治上“攻心战术”的参考亦无不可，但在一场尖锐复杂的战斗中，手到擒来而又顺手放走，不正等于放龙归海，纵虎归山吗？最后很有可能自食其果。所以，在运用此计时，一定要机动灵活，避免前功尽弃。

处世活用

“欲擒故纵”之计在日常生活中的运用也极其广泛。运用此计时，要机动灵活、随机应变，才能达到兵不血刃而取胜的最高境界。

齐景公派晏子去治理东阿。三年后，有人向景公说晏子的坏话，景公十分生气，于是召晏子入朝，想要罢免他的官职。晏子恳请道：“臣已知错，请容臣再治理东阿三年。到那时，若还有人说我的坏话，再罢我的官也不迟。”

景公答应了晏子的请求，派他继续治理东阿。三年过去了，人们对晏子大加赞赏。景公很高兴，又召晏子入朝，想要重赏他，但被晏子一口回绝。景公问其故，晏子回答说：“前三年我到东阿，找人修筑道路，于是出钱出力者都怪罪我。我倡导节俭勤劳，惩治为非作歹、作奸犯科之人，懒汉刁民也都很怨恨我。权贵横行乡里，仗势欺人，我若不宽恕，他们也势必会记恨我。周围的人求我办事，我若不答应，他们就一起反对我。于是，关于我的坏话就传到了您的耳朵里。其后三年，我改变了做法。我不让人修路，有钱有力气的人开心了。我鄙视节俭勤劳，姑息犯罪的人，懒汉刁民们高兴了。权贵为所欲为，我视而不见，他们便对我十分满意。周围的人求我办事，我有求必应，甚至有时不惜假公济私，于是他们对我赞不绝口。您看，关于我的好话果然传到了您的耳中。现在您要封赏我，我却认为自己理应受到惩罚。这就是我不能接受您的封赏的原因。”

景公至此才恍然大悟，明白晏子是一位贤臣，于是把治理国家的重任交给了他。不出三年，晏子果然帮助齐国跻身于强国之列。

在此例中，晏子为了达到劝服齐景公的目的，宁愿做违背自己原则的事，用后三年的不贤反衬前三年的贤良，用“欲擒故纵”的策略最终赢得了景公的信任。

第十七计　抛砖引玉[1]

“抛砖引玉”是指用相类似的事物去迷惑、诱骗敌人，使其借机上当、中我圈套，然后乘机击败敌人的计谋。

原文

类以诱之[2]，击蒙也[3]。

注释

①抛砖引玉：抛出砖头，引来白玉。比喻用自己没有价值的东西引出好的、珍贵的东西。

②类以诱之：诱敌的方法很多，最好的是借助相似的东西。类，类同，类似。

③击蒙也：此处借用《周易·蒙卦》中“上九：击蒙，不利为寇，利御寇”的卦辞，意指打击受我方诱惑的愚蒙之人。击，撞击，打击。蒙，蒙昧。

译文

用类似的东西去诱惑敌人，然后攻击愚蒙之人或昏乱之国。

按语

诱敌之法甚多，最妙之法，不在疑似之间，而在类同，以固其惑。以旌旗金鼓诱敌者，疑似也；以老弱粮草诱敌者，则类同也。如：楚伐绞，军其南门，屈瑕曰："绞小而轻，轻则寡谋，请勿捍采樵者以诱之。"从之，绞人获利。明日，绞人争出，驱楚役徙于山中。楚人坐守其北门，而伏诸山下，大败之，为城下之盟而还。又如孙膑减灶而诱杀庞涓。（《史记·孙子吴起列传》）

谋略精解

"抛砖引玉"的意思是抛出去一块不值钱的砖头，换来一块价值连城的玉石，就是"以贱换贵""以小博大""以羊易牛"。砖可以泛指一切质次的、价值低的或量小的事物，相比之下，玉就是一切质优的、价值高的或量大的事物。

抛出的"砖"可以是"真砖"（实在的好处），也可以是"假砖"（虚晃的动作）。抛的方法也可以有多种：明抛、暗抛、远抛、近抛、全抛或者分抛。但应该明确的是：引来的东西其价值一定要高于抛出去的，否则会得不偿失。

作为一种谋略，抛砖引玉是一种以小利谋大利的诱骗术、掠夺术、谋取术。抛砖出去是为了等玉，玉不来，则要使用各种手段，或诱取，或骗取，或巧取，或用各种武力强取。用相似的东西去迷惑对方，使其做出错误的判断，以假为真，然后再消灭。这就是抛砖引玉之计的要害所在。

此计的运用范围很广。在官场上，一张支票可以换到一个勋爵之位。在政治中，一句美丽动听的谎言，可以骗取大量选票及无数百姓的拥护。在军事上，诱骗、迷惑敌军，使其懵懂上当，中我圈套，我方就可以趁机攻之。

兵家活用

第二次世界大战的太平洋战争中，日本奇袭珍珠港大获成功。但是，美国的航空母舰却躲过了这场灾难性的袭击且未受任何损失。日本海军将领山本五十六想用“调虎离山”计，佯攻太平洋战略要地中途岛，进而引诱美国航空母舰出战，以优势兵力将其消灭。

1942年5月27日，山本五十六亲自率领强大编队向中途岛海区开进。此编队由上百艘日本军舰、8艘航空母舰、11艘战列舰以及700架飞机组成。

而当时的美国太平洋舰队已没有能够投入战争的战列舰，航空母舰也只有3艘，兵力处于绝对劣势。能不能战胜日本的联合舰队，让美军十分忧虑。

5月初，美国太平洋舰队司令尼米兹觉察到大战即将来临，但苦于不清楚日军的进攻方向和目标，加上太平洋战线漫长，给有效的防御带来了极大的困难。庆幸的是，美军在截获对方无线电通信时发现，日军一直都在用“AF”两个字母作为作战地点的代号。要有针对性地部署兵力，加强防务，严阵以待，有力地回击日军的进攻，必须解开“AF”之谜，这是美军正确完成作战部署的关键。

鉴于美军情报官推测“AF”可能是中途岛，美情报人员决定施用“抛砖引玉”之计，诱使日本人泄露实情。于是，中途岛驻军被授命拍发一份有意让日军破译的电报，内容是“此处淡水设备发生故障”。不出所料，“玉”顺利地被引出来了。48小时后，美军截获了日方向外传输的密电，内容是“AF很可能缺少淡水”。美军大喜过望，因为它证实了日军多次使用的“AF”实际上就是中途岛的代号。

据此，美军详细查明了日军进攻中途岛的作战计划，也完全摸清了山本调用的75架作战飞机，2000名守备部队，以及高射炮、反坦克地雷等作战装备。于是，美军为在中途岛海域提前设好圈套，迅速将经过珍珠港事件后剩下来的舰队分编为两支，赶在日军战区警戒潜艇进入其阵地前，到达中途岛东北方位于日本潜艇警戒线监视范围以外的地方等待，伺机对毫无察觉的日本航空母舰编队侧翼进行突击。

6月3日下午，庞大的日本舰队前进到中途岛西北海域。6月4日清晨，在日军还未空袭时，中途岛上的美机已经全部升空，一部分对日机进行拦截，一部分则进行反击。同时，52架美机分5批向日航空母舰发起攻击。7时2分，美舰载机共有131架直扑E航空母舰。9时20分，41架鱼雷机打前阵，对航空母舰抵近攻击，另有50架轰炸机从云层中穿出，垂直投弹，瞬间击沉三艘航空母舰。日军的“飞龙号”航空母舰虽然击沉美“约克城号”航空母舰，但自己也同样中弹，于次日沉没。

最后，日军损失4艘航空母舰及300多架飞机，无奈地从中途岛战场撤退。满怀信心地放出舰载机群准备再创一个偷袭珍珠港奇迹的日军，竟败在了美军“抛砖引玉”的情报战略上。美军轻而易举地用假情报这块“砖”换来了真情报这块“玉”，获得在这场战斗中轻松取胜的关键信息。

处世活用

在瑞典的一座小城里，有一位颇有天赋的青年。他曾自学建筑专业的所有课程，并且协助一些著名的建筑师修建过大型建筑物。但是，由于他出身卑微，又没有正式的教育文凭，一直得不到别人的重视。为此，他感到十分苦恼。

当时的瑞典国王是查理四世。查理四世原是拿破仑手下的将领，后受瑞典老国王的赏识，将其收为义子。瑞典老国王死后，查理四世顺利地继承了王位。一次，查理四世率领随从经过这座小城，这个不得志的青年远远地看着，他很想见到国王，却没有机会。怎样才能见到国王并受到国王的重视呢？他一番考虑过后，终于有了主意。

年轻人用最快的速度和最高的质量，在小城的中心广场建筑了一座“凯旋门”。虽然没有法国“凯旋门”那么高大，但它的精致和美观仍然得到了人们的关注和赞美。

一天，国王又经过小城，果然也被“凯旋门”吸引住了。看着这座“凯旋门”，国王不禁想起了自己的祖国，开始感慨自己一生的经历。他怎么也没想到这座小城竟有这样出众的人才，于是立刻召见了这位青年，并且给了他莫大的肯定和鼓励。

从此，这位得到国王赏识的年轻人，如一颗耀眼的新星般受到了人们的景仰和关注，他的卓越才华终于有了用武之地。

在这个故事中，瑞典青年建造的“凯旋门”是一块打开成功之路的“敲门砖”，随之引来的众多名利则是一块受之当然的良“玉”。有为的青年怀才不遇时，不妨像他一样试一试“抛砖引玉”之计，或许成功的大门很快就会打开。当然，才华的积淀也是必要的，不然抛再漂亮的“砖”出去，换来的都不会是一块好“玉”。

第十八计　擒贼擒王

本计认为攻打敌军主力，捉住敌人首领，这样就能瓦解敌人的整体力量。敌军一旦失去指挥，就会不战而溃。

原文

摧其坚，夺其魁①，以解其体②。龙战于野，其道穷也③。

注释

①夺：抢夺，擒获；魁：第一、最大，这里指首领、主帅。

②解：瓦解，分解；体：躯体，整体，这里指全军。

③龙战于野，其道穷也：龙本来在大海深渊里或在天空云雨中才能施展威力，如果陷在原野里搏斗，便会一筹莫展，难以避免失败的结局。在战斗中比喻摧毁敌军主力，抓住敌军首领，就可以瓦解它的整体力量。野，郊外，野外；穷，困顿；道穷，无路可走。

译文

摧毁敌人主力，抓住其首领，就可以瓦解其整体力量。这就好比龙离开大海到陆地上作战，面临绝境一般。

按语

攻胜，则利不胜取。取小遗大，卒之利、将之累、帅之害、功之亏也。全胜而不摧坚擒王，是纵虎归山也。擒王之法，不可图辨旌旗，而当察其阵中之首动。昔张巡与尹子奇战，直冲敌营，至子奇麾下，营中大乱，斩贼将五十余人，杀士卒五千余人。巡欲射子奇而不识，剡蒿为矢。中者喜，谓巡矢尽，走白子奇，乃得其状。使霁云射之，中其左目，几获之，子奇乃收军退还。（《新唐书·张巡传》《战略考·唐》）

谋略精解

诗人杜甫说过："射人先射马，擒贼先擒王。"王，指的是国家、军队等组织的首领或核心人物，是组织展开集体行动的指挥调度中心，是组织发挥整体力量的枢纽或关键。所以，要消灭和瓦解一个组织，攻击的中心是其核心人物，一旦把他们击倒，组织就会群龙无首。

此计有以下两种含义。

一是击中要害。俗话说："打蛇要打七寸。"七寸之处是蛇的心脏。打坏了蛇的心脏，它自然不能存活。同理，任何事物都有关键和要害部位，抓住要害和关键，才能取得事半功倍的效果。而战争中，首领在其组织中的引导和凝聚作用是不可小觑的。抓住其首领，不仅可以震慑其余力量，剩下的力量也会因为不知何去何从而面临困境，这是对己方极其有利的条件。

二是提纲挈领。任何事物都有"纲"和"领"。只要我们抓住要领，就可以以简驭繁，以少制多。这便是提纲挈领的妙处。

擒贼擒王的道理很简单，做起来却不那么容易。擒王，不仅是要捉拿对方的首领，还指消灭其主力。这两者虽然在理解上有其共通之处，但具体使用时还要根据具体情况灵活变换。一般来说，擒住首领必然会动摇军心，瓦解整体；而灭其主力，首领自然也没了依靠，无所作为。因此，先擒其首，后灭主力，则如打蛇七寸，事半功倍；而先灭主力，后擒其首，则手到擒来，一样绝妙。

兵家活用

"射人先射马，擒贼先擒王"的计谋在今天最典型的应用是实施斩首行动。

斩首行动，即用巡航导弹和精确制导导弹对敌方进行军事打击，通过精准打击，首先消灭对方的首脑和首脑机关，彻底摧毁对方的抵抗意志。"擒贼先擒王，打蛇打七寸"形象地反映了这种思想。"斩首行动"的要素是快速、精确、内应。"斩首行动"实施的硬件条件就是精确打击，"斩首行动"的另外一种要素是内应，要有充分的情报，有谍报人员、侦察手段和重要的统帅指挥机构，最后一种要素是快速，首先打击敌人最脆弱的重心——统帅指挥机构和支撑战争的经济目标，以取得决定性效果，并迅速结束战争。

中国特种部队的斩首战略是指攻击敌方关键人物和指挥中枢，使敌人处于群龙无首以及无法沟通的状态。中国军队已经进行了众多军事演习，在演习中解放军将特种部队通过众多投送工具部署到战区进攻敌人的指挥中心，如使用直升机以及带有动力装置的降落伞等。

"斩首行动"的本质是基于美国的"先发制人"的战争理论。

现代战争中的"斩首行动"发端于科索沃战争。科索沃战争是以美国为首的北大西洋公约组织于 1999 年 3 月 24 日至 1999 年 6 月 10 日因南斯拉夫联盟的民族矛盾引发的科索沃危机而对前南联盟发动的一场重要的高技术局部战争。在这场战争中“斩首行动”初露锋芒。在“伊拉克战争”中美军基于这种理论率先实行了“斩首行动”，对付萨达姆政府以及“基地”组织等恐怖组织成员。至于“斩首行动”的有效性目前还不能肯定，其合法性也引起了国际社会的广泛关注和争议。

处世活用

“擒贼擒王”计，军事上可用，历朝历代的政治斗争中一样可以运用。“擒贼擒王”用于政治，就是要擒拿对方首领，而后使对方彻底瓦解。

春秋时期，吴王诸樊死后，本应由其子姬光继位。但姬光遵守父命，将王位让给了叔叔夷昧。等夷昧死时，按理应轮到姬光继位，不料夷昧之子王僚贪得无厌，竟自立为吴王。公子姬光心中不服，暗中寻思如何杀掉王僚夺回王位，但苦于朝中大臣多是王僚的党羽，只好忍气吞声，苦苦等待时机。

一天，伍子胥从楚国逃难到吴国。姬光将他收为心腹，并向他请教夺取王位的计策。伍子胥给姬光出了一个“擒贼先擒王”的谋略。先将手握重兵的王僚亲信庆忌、掩余等人调离王僚身边，然后再找机会刺杀王僚。王僚一死，其部下必然土崩瓦解，四处逃散。为了成功实施这一计划，伍子胥还向姬光推荐了勇士专诸。

因为知道王僚极爱吃鱼，姬光便先把专诸派到太湖边上学做鱼。三个月之后，专诸手艺学成，所有的人都对其手艺赞不绝口。于是姬光便把专诸藏在自己府中，图谋刺杀王僚。

又过了一些日子，邻国楚国国君去世。根据伍子胥的计谋，姬光力劝吴王伐楚，而自己却假装从车上摔下伤了脚。于是王僚只得派掩余为将，再派庆忌联络郑国、卫国等小国，共同攻打楚国，只将姬光留在吴国朝中。

姬光见时机成熟，便对王僚说：“我府上新来了一位厨师，最擅长做鱼，请大王到我的府内来品尝。”王僚一听说吃鱼，便来了兴致，随口就答应了下来。没几日，王僚在前呼后拥下来到了姬光府上。席间，姬光借故溜了出去，而专诸双手捧着做好的鲜鱼走上殿来。王僚手下的武士对他上上下下搜了个遍，也没有发现任何武器，于是便命他将鱼捧给王僚。

不料，专诸已经将短剑暗藏于鱼腹之中。在靠近王僚时，他突然抽出匕首，直刺王僚胸口，又快又狠。这一动作专诸已经暗中练习了不知多少回，王僚毫无准备，大叫一声便气绝而亡。

这时，反应过来的众侍卫才慌忙举起刀剑，将专诸剁为肉泥。那边姬光见专诸得手，便派出手下将士追杀王僚的随从。树倒猢狲散，王僚一死，他的手下便如鸟兽般散去。于是姬光驱车入朝，聚集群臣，自立为吴王。带兵在外打仗的庆忌、掩余等人，听说王僚已死，自己的军队又被楚军死死困住，不得不扔下大军，自顾逃命去了。

伍子胥深知运用“擒贼擒王”之计的关键：要解决问题，就必须抓住根本，否则无异于隔靴搔痒。因此他建议姬光巧妙地将王僚和随从分开，派人直刺王僚，从根本上破坏了对手的联盟，余下的就只是失去指挥、无法抵抗的残兵败将，对自己没有任何威胁了。

第十九计　釜底抽薪[1]

“釜底抽薪”，顾名思义，是说水在釜中沸腾就是靠柴火在釜底烧，从釜底把“薪”抽去，就自然止住了水的沸腾。不能够直接迎击敌人强大的正面力量时，就要消灭敌人强大力量借以生存或产生的根源。就是说从侧面下手，从根本上削弱它的战斗力，用以柔克刚的办法来解决问题。

原文

不敌其力[2]，而消其势[3]，兑下乾上之象[4]。

注释

①釜底抽薪：意指水的沸腾是靠火的力量，而柴火是火力旺的原因，因此，如果想制止水沸腾，就要抽走柴草。

②敌：对抗，攻击；力：强力，锋芒。

③消：消弱，削减；势：气势。

④兑下乾上之象：兑下乾上为《周易》六十四卦中的“履”卦。这里有以柔克刚的意思。即遇到强敌，不要和他硬碰，而要用阴柔的办法去消灭其刚猛之气，然后设法制服他。

译文

力量上不能对敌，可以削弱它的气势，使用以柔克刚的办法来制服他。

按语

水沸者，力也，火之力也，阳中之阳也，锐不可当；薪者，火之魄也，即力之势也，阴中之阴也，近而无害，故力不可当而势犹可消。《尉缭子》曰：“气实则斗，气夺则走。”而夺气之法，则在攻心。昔吴汉为大司马，有寇夜攻汉营，军中惊扰，汉坚卧不动。军中闻汉不动，有顷乃定。乃选精兵反击，大破之，此即不直当其力而扑消其势也。宋薛长儒为汉、湖、滑三州通判，驻汉州。州兵数百叛，开营门，谋杀知州、兵马监押，烧营以为乱。有来告者，知州、监押皆不敢出。长儒挺身出营，谕之曰：“汝辈皆有父母妻子，何故做此？叛者立于左，胁从者立于右！”于是，不与谋者数百人立于右，独主谋者十三人突门而出，散于诸村野，寻捕获。时谓非长儒，则一城涂炭矣！此即攻心夺气之用也。或曰：敌与敌对，捣强敌之虚以败其将成之功也。（佚名）

谋略精解

世间很多事物的初始与发展，与水沸釜中的形式是一样的。与对立势力的较量，也与制止水沸的道理相同。正面攻击，等于用热水止沸，劳而无功；而抽取沸水的能量来源，消除对立势力的生存根源，迫使对手丧失力量供给的来源和有利条件，使对手成为“无源之水，无本之木”，由盛转衰，便可置其于死地。

此计用在军事上，是一种“兜底战术”。在相互对垒、剑拔弩张，而又无法直接迎击敌人强大的正面力量时，就要消灭敌人强大力量借以生存或产生的根源。就是说从对方的幕后下功夫，侧面暗算，从根本上削弱它的战斗力，用以柔克刚的办法来解决问题。

古今中外，不论是在战场、商场、职场还是政治舞台上，运用“釜底抽薪”之法来解围取胜的例子不计其数。而在使用这一计时，关键要把握好两点。一是准确认清敌人的“釜底之薪”是什么，这是实行此计的必要前提。一般而言，凡是影响敌人后劲的力量，都可以作为“抽薪”的目标。二是要在以柔克刚的原则下运用正确的手段和方法。针对敌人“釜底之薪”的具体情况，灵活使用适宜的方法，不可生搬硬套。

兵家活用

运用“釜底抽薪”之计，关键在洞察对方，识其根本所在，寻找并瞄准其生命线，稳、准、狠、快地出招，才能收到实效。

北宋时，薛长儒担任汉州（今四川广汉市）的通判，当时有守卫的兵士叛乱，把营门打破，放起火来，企图谋杀州知州和兵马监押，吓得他们两人不敢出门一步。

这时，长儒挺身而出，来到营门之外，劝告叛乱的兵士说：“你们都是有父母妻室的人，为什么要做这样的事呢？现在除了主谋者之外，其他的人均可离开！”

结果，那些随声附和的人都低头不语，只有主谋的八个人冲出营门逃走，可是早有潜伏在乡野中的官兵等待他们，将他们一齐抓了起来。当时人人都传说：“如果没有长儒的话，那就会糟糕了呀！”这就是把敌人的斗志、士气先行弄垮的效果。

处世活用

历史上，有的帝王在遇到实力强大的臣子时，不是从正面和他交手，而是采用各种“抽薪”的手段，削弱他的气势，用以柔克刚的方法制服他。这种胜战诡计，就叫作“釜底抽薪”。

《陈书·侯安都传》记载，永定三年（559年），陈武帝陈霸先病逝，侯安都跟随临川王陈蒨回到京城。侯安都与众大臣一起商议，计划拥立陈蒨为皇帝。陈蒨连连谦让，表示不妥。太后这边，由于太子衡阳王陈昌的缘故，也不肯下令立陈蒨为帝。侯安都为避免夜长梦多，转身对众大臣说：“如今国家局势不稳，我们没有时间等陈昌了，临川王陈蒨功德显著，大家一起拥立他。先响应的人有赏，后响应的人该杀。”

说完，侯安都持剑走上大殿，逼迫太后立即交出印玺。太后无奈，只得照做，陈蒨于是顺利地当上了皇帝。虽然如此，太后仍要求迎接衡阳王陈昌回到宫中。陈昌写信给陈蒨，言语非常激烈，陈蒨很生气，对侯安都说：“太子马上回来了，我应该向他哀求赏赐一块封地，让我安度余生。”侯安都说：“陛下，自古至今没有发生过皇帝向前太子请求封地的事情，臣代您处理。”于是，侯安都带人到半路迎接陈昌，趁其不备，将他杀死。就这样，一场剑拔弩张的权力之争消弭于无形，陈朝君臣集中力量治理国家，应对外患。

又据《宋史·太祖纪》《宋史·石守信传》记载，宋太祖赵匡胤即位之初，藩镇鼎立。太祖十分担忧，丞相赵普为此说：“自唐以来，战争频发，国家动荡，就是因为朝廷给予藩镇的权力太大，以至于尾大不掉，君弱臣强。当今治国应剥夺藩镇的权力，控制其钱粮出入，统领其兵士作战。这样，就不怕他们另生异心。”

宋太祖沉默了一会儿说：“我知道了。”

一天，宋太祖与石守信等众将把酒言欢，忽然对大家说：“当初没有你们的支持，我就当不了皇帝。可我最近经常睡不好，还没有当皇帝前快乐。”众将急忙说：“现在天下已定，陛下为什么讲这样的话？”宋太祖说：“我总是担心有人惦记我的皇位，毕竟谁不想当皇帝呢？”

石守信等人不解，对宋太祖说：“陛下，我们真是愚不可及，请您明示。”

宋太祖于是说：“人生短暂，如白驹过隙。爱卿们何不放弃兵权，多买些良田美宅，替子孙留下丰厚的家产；多买些歌姬舞女，每日纵酒放歌，以颐养天年！君臣之间没有猜忌，如此岂不逍遥快活？”

石守信等人听到这里，赶紧跪在地上磕头谢恩：“陛下能为臣等考虑到这个地步，真是让臣等无以为报。”

第二天，石守信等藩镇节度使称病不出，请求朝廷解除他们手上的兵权。太祖同意了他们的请求，并封给他们一些无关紧要的职位，赐予丰厚的奖赏。这样，功臣得以善终，而国家堵塞了浊乱之源，得以安宁。

以上故事就是著名的“杯酒释兵权”。宋太祖通过这番操作，成功地解除了大将手握重兵的问题，一举将禁军统帅权集中到天子手中，从而避免了北宋王朝重蹈五代的覆辙，并奠定了宋朝三百余年的基业。

第二十计　浑水摸鱼[1]

当动荡不安时，会存在许多相互冲突的力量，当其中的弱者举棋不定，毫无主见，敌人又被蒙蔽而没有察觉他们时，我方即可把他们争夺过来。

原文

乘其阴乱[2]，利其弱而无主。《随》，以向晦入宴息[3]。

注释

①浑水摸鱼：原意指在浑浊的水中，鱼晕头转向。趁机摸鱼，可以得到意外的收获。引申为军事战略时，意为乱中取利。

②乘其阴乱：乘敌人内部发生混乱。阴，内部。

③《随》，以向晦入宴息：人要顺应天时而作息，到了晚上就应该入室休息。此计用这一象理，是主张打仗时要随机行事，有意给敌人造成混乱，或趁敌人混乱之时顺势取利。随，卦名，顺从之意。

译文

乘着敌人内部发生混乱，利用他力量虚弱又没有主见，使他顺从我，像人要顺应天时的变化而作息，到夜晚必须入室休息一样。

按语

动荡之际，数力冲撞，弱者依违无主，敌蔽而不察，我随而取之。《六韬》曰：“三军数惊，士卒不齐，相恐以敌强，相语以不利，耳目相属，妖言不止，众口相惑，不畏法令，不重其将，此弱征也。”是鱼，混战之际，择此而取之。如：刘备之得荆州，取西川，皆此计也。（佚名）

谋略精解

浑水摸鱼，原意指故意把水搅浑，趁鱼慌乱、不知所措时，趁机捕捉它。其可引申为在动荡的局势下，各种力量都自然而然地被卷进混乱不堪的旋涡里。

为了抓住机会扩大自己的势力，在泥沙俱下、鱼龙混杂的局面下，我们可以将那些力量暂时弱小，立场暂时不够坚定，不知依从哪方的角色顺手夺取过来。这是一种利用迷乱事态，趁对手陷入彷徨之机，坐收渔翁之利的策略。

军事作战中常用的方法是伪装成敌兵，打入敌人内部，作为配合主力攻击的辅助手段。把水搅浑了好捉鱼，把敌人的部署、计划、阵脚搞乱，好乱中取胜。

“浑水”是运用此计的必要条件。而水浑，可分为两种情形：一是水原本就是浑的，己方抓住时机乱中取胜；二是水原本清，己方故意将其搞浑，达成自己的图谋。当然，后者的难度要大一些，但应用也更广泛一些。

因为施用此计代价小，又能轻易达到目的，因此此计在战争、商场、处世以及职场等领域颇受人们的关注与青睐。

而理解此计时，应该把握以下几层含义。

一是利用混乱局面，从中渔利。在竞争中取利的办法有很多，其中，乱中取利就是较好的办法之一。因为大家都将精力用在了互相争夺之上，必然会有很多利益无暇顾及，各自也都会暴露出许多可乘之隙来。此时，便可以轻易地从中捞到各种好处。当然，动荡混乱的局面不是经常会遇到的，因此要善于把握，不能让大好机会从手边溜走。

二是以假乱真，浑水摸鱼。水被搅浑之后，能见度必然变低，鱼在水中分不清方向，也更难辨清真伪。这时我们把假的伪装成真的，并将其混入真的之中，可以利用敌人的“蔽而不察”，将对自己有利的力量拉拢过来，据为己有。

三是滥竽充数。“浑水”起着隐瞒掩盖的作用，利用形式上的缺陷、管理上的漏洞来渡过难关或取得利益，也是浑水摸鱼计谋的一个内容。

兵家活用

军事战争中，“浑水摸鱼”既是一种实在的方法，又是一种高超的计谋。此谋略的诀窍在于抓机遇，即乘对方混乱、衰弱、无主之机，诱使、迫使其不得不进入我方预设的圈套，使我方获得胜利。

赤壁之战曹操大败。为了防止孙权北进，曹操派大将曹仁驻守南郡（今湖北荆州市）。

这时，孙权、刘备都在打南郡的主意。周瑜因赤壁大战气势如虹，下令进兵，攻取南郡。刘备也把部队调到油江口（今湖北公安县东北）驻扎，想要攻取南郡。

周瑜说：“为了攻打南郡，我东吴花了巨大的代价，南郡唾手可得。刘备休想做夺取南郡的美梦！”刘备为了稳住周瑜，首先派人到周瑜营中祝贺。周瑜心想，我一定要见见刘备，看他有何打算。

第二天，周瑜亲自到刘备营中回谢。在酒席之中，周瑜单刀直入地问刘备驻扎油江口，是不是要取南郡。刘备说：我听说都督要攻打南郡，特来相助。如果都督不取，那我就去占领。周瑜大笑，说南郡指日可攻下，如何不取？刘备说：都督不可轻敌，曹仁勇不可挡，能不能攻下南郡，话还不敢说。

周瑜一贯骄傲自负，听刘备这么一说，很不高兴，他脱口而出："我若攻不下南郡，就听任豫州（刘备）去取。"刘备盼的就是这句话，马上说："都督说得好，子敬（鲁肃）、孔明都在场做证。我先让你去取南郡，如果取不下，我就去取。你可千万不能反悔啊！"

周瑜一笑，根本不把刘备放在眼里。周瑜走后，诸葛亮建议按兵不动，让周瑜先去与曹兵厮杀。

周瑜发兵，首先攻下夷陵（今湖北宜都市），然后乘胜攻打南郡，却中曹仁诱敌之计，自己中箭而返。

曹仁见周瑜中了毒箭受伤，非常高兴，每日派人到周瑜营中叫战。周瑜只是坚守营门，不肯出战。

一天，曹仁亲自带领大军，前来挑战。周瑜带领几百骑兵冲出营门大战曹军。开战不多时，忽然周瑜大叫一声，口吐鲜血，跌于马下，被众将救回营中，原来这是周瑜定下的哄骗敌人的计谋，让士兵传出周瑜因箭伤而死的消息。周瑜营中奏起哀乐，士兵们都戴了孝。曹仁闻讯，大喜过望，决定趁周瑜刚死，东吴没有准备的时机，前去劫营，割下周瑜的首级，到曹操那里去请赏。

当天晚上，曹仁亲率大军去劫营，城中只留下陈矫带少数士兵护城。曹仁大军趁着黑夜冲进周瑜大营，只见营中寂静无声，空无一人。

曹仁情知中计，急忙退兵，但是已经来不及了。只听一声炮响，周瑜率兵从四面八方杀出。曹仁好不容易从包围中冲出，退返南郡，又遇东吴伏兵阻截，只得往东北逃去。

周瑜大胜曹仁，立即率兵直奔南郡。等周瑜率部赶到南郡，只见南郡城头布满旌旗。原来赵云已奉诸葛亮之命，乘周瑜与曹仁激战正酣之时，利用“浑水摸鱼”之计，轻易地攻取了南郡。

诸葛亮利用搜得的兵符，又连夜派人冒充曹仁救援，轻易地诈取了荆州、襄阳。

周瑜这时方知自己上了诸葛亮的大当，气得昏了过去。

处世活用

明代的王阳明是“阳明心学”的开创者。其实，在当时的军事谋略方面，他也是第一流的人物。

宁王叛乱时，王阳明担任镇压总指挥。

虽然宁王方面已经开始进攻，王阳明仍然没有迎击的态势。他认为在当时的情形下对叛军攻击尚不能获胜。

于是，他想出了一个计谋。

他揞地里写了封信寄给宁王的心腹李士实、刘养正。信的内容是：“特请将贵处的情况赐告，朝廷对二位的忠心非常感动。此外，请早发动进攻，并向宁王进劝为盼。如能离开宁王的根据地南昌归向南京，正如所愿，事必成矣。”

写好密函，又特把已定死罪的宁王的间谍放了出来，对他耳语说：“我也是宁王殿下的心腹之人。请把这封信亲自带给宁王。”

接着，就把这个间谍放回宁王身边。

宁王接到密函之后，思绪开始混乱，当他与李士实和刘养正研讨此后的作战计划的时候，二人无不劝他尽快攻下南京，登基为王。这一来，宁王就更加疑神疑鬼了。

经过 10 多天的猜疑、犹豫，宁王才获悉，在那段时间里王阳明的部队尚未整编就绪。宁王这才发觉自己上了王阳明的当。

王阳明用计扰乱宁王的判断，获得充裕的时间，并赢得了最后的胜利。

第二十一计　金蝉脱壳①

“金蝉脱壳”是一种摆脱敌人或者转移、撤退的分身术。这里的“脱”，不是惊慌失措，消极逃跑，而是存其形，去其实，走而示之不走，稳住敌人，从而脱离险境。

原文

存其形，完其势②；友不疑，敌不动。巽而止，《蛊》③。

注释

①金蝉脱壳：原意指蝉在蜕变时，本身就会脱离外壳，借此比喻以计脱身。

②存其形，完其势：保存阵地已有的战斗阵容，造成在原地防守的态势。

③巽而止，《蛊》：此处指暗中转移兵力，趁敌人不惊疑之际，脱离险境。巽，退让；蛊，事顺。

译文

保存阵地的原形，造成强大的声势，使友军不怀疑，敌人也不敢贸然进犯，而我却隐蔽地转移主力，迷惑敌人，这样事情就会顺利。

按语

共友击敌，坐观其势。倘另有一敌，则须去而存势。则金蝉脱壳者，非徒走也，盖为分身之法也。故大军转动，而旌旗金鼓俨然原阵，使敌不敢动，友不生疑。待已摧他敌而返，而友敌始知，或犹且不知。然则金蝉脱壳者，在对敌之际，而抽精锐以袭别阵也。如：诸葛亮卒于军，司马懿追焉。姜维令仪反击鸣鼓，若向懿者，懿退，于是仪结营而去。檀道济被围，乃命军士悉甲，身白服乘舆徐出外围。魏惧有伏，不敢逼，乃归。（《南史·檀道济传》《广名将传》）

谋略精解

“金蝉脱壳”原本是一种生物现象，指蝉类昆虫在蜕变时，本身脱离外壳飞去，只留下空壳在原处。古人用这种现象来喻指人类社会中的某些事物。

“金蝉脱壳”作为一种计谋，往往是在形势处于极端不利的情况下，不得不施谋用计脱身，以求东山再起。所以，在危急存亡关头，用伪装、掩护或欺骗的手段瞒住对方，留下虚假的外形稳住对方，以求暗里逃遁，是一种走而示之不走的权宜之计。

此计用于军事，是指通过伪装摆脱敌人，撤退或转移，以实现我方的战略目标。而稳住对方，撤退或转移，并不是惊慌失措，消极逃跑，而是在认真分析形势后，准确做出判断，保留外在形式，抽走实质内容，巧妙分身，用精锐部队出击另一部分敌人的战略。

运用此计要选好时机。一方面，“脱壳”不能过早，只要还有胜利的可能，没有到万不得已之时，就不要“脱壳”而去，以防丢掉胜利的机会；另一方面，“脱壳”也不能过晚，在败局已定的情况下，多停留一分钟，就会多一分危险，减少一分生还的可能。

总之，要从某种危险境地逃脱，又不至于被纠缠或追击，“金蝉脱壳”的确是妙计。逃脱时如果没被发现，就几乎已经锁定胜局，因为等对方发觉时，就已经鞭长莫及了。三十六计，走为上计，但走也有多种走法，金蝉脱壳就是走计之中的上计。

兵家活用

脱壳而生，不脱而死。人们形象地把“金蝉脱壳”作为一种军事斗争的灵活谋略。这已经成了战场上的一种规律，一种真理。

斯巴达克是2000多年前古罗马最大的一次奴隶起义的领袖。他足智多谋，智慧过人，曾经领导英勇的起义队伍给奴隶主政权以致命的打击。

当时，斯巴达克在背临大海、两侧是悬崖的维苏威山集结起义军。罗马帝国指派克劳狄乌斯率官兵前去镇压。克劳狄乌斯在扼守住进出维苏威山唯一通道的同时，设下重重障碍，企图将起义军活活困死在山上。

敌军的企图并没有将起义军逼入困境。看着维苏威山上遍地生长的野葡萄藤，斯巴达克顿时计上心来。他吩咐大家用野葡萄藤编成长长的软梯，然后顺着软梯越过悬崖，悄悄迂回到敌人背后进行突袭。起义军的反攻使罗马官兵手足无措，最后只好仓皇而逃。

克劳狄乌斯惨遭溃败后，罗马帝国又令瓦涅率两个军团前来继续镇压起义军。连续的恶战使得起义军粮草断绝，不少士兵还染上疾病，情况十分危急。为了冲出重围，斯巴达克做了一番精心的秘密部署，让士兵们将死尸绑在营前伪装成哨兵，然后留下几名号兵按惯例吹号。整个军营看上去与平常没有什么不同。而此时，斯巴达克已经率领大军偷偷地从敌人认为根本无法通过的山路顺利突围。

恼羞成怒的罗马统治者得知镇压再次失败后，又火速任命克拉苏为统帅带兵前往维苏威山堵截起义军。狡猾的克拉苏在起义军必经的半岛狭窄处挖了一条长长的壕沟，并在河边修筑了高大的防护墙，设重兵把守，妄图把起义军困死在半岛上。

在一个大雪纷飞的晚上，斯巴达克带领起义军靠近壕沟，燃起篝火，并在篝火旁不断吹笛子，敲皮鼓，跳舞蹈。按照当时的习俗，这样的娱乐活动只有奴隶们临死前才会进行。起义军用这一举动蒙蔽了罗马军，让他们误以为起义军已经放弃反抗，听天由命。就在罗马军放松了戒备和警惕，疲劳困乏之时，斯巴达克指挥起义军用随身携带的木料、冻土等很快填平了壕沟，奇迹般地冲出封锁线，化险为夷。

不难看出，对于军事指挥员来说，不仅要进攻有术，还要撤退有法。善于谋略的斯巴达克就曾在起义军屡屡陷入困境时，多次运用“金蝉脱壳”之计突出重围。可见，“金蝉脱壳”是一种巧妙摆脱敌人、成功转移或者撤退的分身之术，效果显著。

处世活用

运用“金蝉脱壳”一计时，行动一定要诡秘，既不可让对手察觉意图，更不能将行动暴露于对手眼前。要确实做到“存其形，完其势”。等对手察觉或发现时，只有“时间已晚”的叹息，却丝毫没有可挽回的机会。

武则天当政期间，侍郎狄仁杰刚直不阿，因此得罪了有名的酷吏来俊臣。不久，来俊臣以蓄意谋反为名，诬陷狄仁杰使其入狱。为了状告成功，来俊臣决定亲审狄仁杰，逼他承认阴谋造反属实。

庭审时，狄仁杰大义凛然，骂来俊臣是无耻小人。来俊臣不但不生气，反而十分得意地顺手拿起一根皮鞭，要对狄仁杰动刑。鞭子还没落下来，狄仁杰首先服软，“招认”了全部罪行。

于是，来俊臣满意地让主事官王德寿将狄仁杰关押起来，只等秋后问斩。由于狄仁杰主动承认了罪行，王德寿便放松了对他的监视。

不几日，狄仁杰从被子上撕下一块布料，细细写下自己的冤情后，塞进棉衣，然后找来王德寿：“天气渐冷，我想让家人把这件棉衣拆洗了，再放些棉花。烦你帮我送到他们手里。”

王德寿不明狄仁杰的用意，爱理不理地答应了他的请求。

狄仁杰的妻子拆开棉衣，发现了冤状，马上便将此事禀告了武则天。武则天看完后，亲自对狄仁杰进行审问，得知了其中的冤情，于是下令赦狄仁杰无罪，当众释放了他。

狄仁杰之所以能够从酷吏来俊臣的手掌中逃脱而得以自保，就是因为他善于“形人而我无形”。他深知来俊臣残忍而卑鄙，如果硬碰硬的话，自己肯定会性命难保。因此，他假意招供，分散了对手的注意力，降低了其警惕性，从而为自己申冤创造了机会。

第二十二计 关门捉贼

“关门捉贼”，是指对弱小的敌军要采取四面包围、聚而歼之的谋略，如果让敌人脱逃，情况就会十分复杂。这里所说的“贼”是指那些善于偷袭的小部队，它的数量不多，破坏性却很大，所以对这种“贼”，不可让其逃跑，而要断它的后路，聚而歼之。

原文

小敌困之[1]。《剥》，不利有攸往[2]。

注释

①小敌困之：对弱小或者数量不多的敌人，要设法去围困他，进而歼灭之。

②《剥》，不利有攸往：当万物呈现剥落之象时，如有所往，则不利。此处引《周易·剥卦》卦辞，指如果对小股敌人急追或者远袭，会有不利，应尽早消灭之。剥，卦名，落的意思。

译文

对弱小敌人，要加以包围、歼灭，《剥》卦中说，不利于急追远赶。

按语

捉贼而必关门，非恐其逸也，恐其逸而为他人所得也。且逸者不可复追，恐其诱也。贼者，奇兵也，游兵也，所以劳我者也。《吴子》曰："今使一死贼伏于旷野，千人追之，莫不枭视狼顾。何者？恐其暴起而害己也。是以一人投命，足惧千夫。"追贼者，贼有脱逃之机，势必死斗；若断其去路，则成擒矣。故小敌必困之，不能，则放之可也。（佚名）

谋略精解

"关门捉贼"是民间流传已久的俗语，与另一民间俗语"关门打狗"有异曲同工之妙。所谓关起门来捉贼，不仅是害怕贼人逃去，而且还怕他逃走后被人利用。况且，对于逃走的贼因为恐中其诱兵之计，又不可再去追赶。

因此，"关门捉贼"是一种从战略上看问题而采取的战术行动。发现小偷入屋窃物，应该突然反锁房门，呼喊左邻右舍前来捉贼，人多势众，小偷走投无路，就只有束手就擒。假如当时没有左邻右舍，或左邻右舍均无人在家，以自身之力又制不住贼人，就只能用三种办法：一是造声势吓走贼人；二是眼睁睁看贼人将财物掳走；三是设法拖住贼人以待援助。

古人从中受到启发，用以对敌作战，将其演变成一种成功的战术谋略。"贼"在这里变成了善于偷袭的小部队，他们行动诡秘，出没不定，行踪难测。其数量不多，破坏性却很大，常常会趁我方不备，突袭我军。对于这样的"贼"，一旦发现，万万不可放其生路。如果不小心让其逃跑，再穷追不舍，就有可能遭到对方的拼命反抗，更严重的会中其之计。

实施“关门捉贼”之计，“关”有百种，“捉”有千样。“关”有早关和晚关、急关和缓关、明关和暗关。“捉”有惊捉、疲捉、诱捉、困捉、斗捉。最常用的方法就是设计一个口袋阵，待敌人进入口袋后，扎紧口袋嘴，堵死其退路。当然，紧紧包围住敌人的驻地，让其无法逃跑，也是一种不错的方法。

兵家活用

战场上，“捉贼”必须先“关门”，目的在于断其退路，四面包围，不使其漏网，从而一举获胜。苏联朱可夫元帅指挥的科尔松战役，就是“关门捉贼”的典型战例。

1943年，苏联最高统帅斯大林发布命令：全面歼灭科尔松地区的德军。此时的战势是：盘踞在科尔松地区的德军多达12个师，虽然其北、东、南三面已被苏军成功包围，但西面仍与数十万驻乌克兰的德军主力相连接，难以攻克。

奉命指挥这场战役的是善于打硬仗的朱可夫元帅。为了赢取这一战的胜利，朱可夫与他的将领们进行了反复研究，最后决定运用“关门捉贼”的策略：首先由乌克兰两个方面军从南北两个方向对科尔松德军背后的兹维尼戈马德卡实施正面进攻，遏制其与西面乌克兰主力部队的联系，顺势关紧该地区德军西逃的大门，然后对其进行围歼。

然而，苏军要紧关德军这道“大门”并不容易。这道“大门”宽130余千米，而且德军还在“门”口修建了坚固的防御工事，并设重兵把守。“门”内，是德军十几个师的精锐部队；“门”外，还有战斗力极强的德军主力。

尽管很艰难，但知难而上的朱可夫丝毫没有动摇发起战役的决心。1944年1月24日，苏军首先发动佯攻。德军果真上当，以为是苏军主力来袭，便慌忙将科尔松地区的大部队调来参与防守。于是，朱可夫命令苏军快速突击部队立即赶往兹维尼戈马德卡，不料却遭到了德军的顽强抵抗。德军调兵遣将，士气十足，也试图斩断这只“关门”的巨臂。

朱可夫临危不惧，及时抓住德军防守上的漏洞，命令坦克第六集团军从敌人后路行动，火速向兹维尼戈马德卡地区迂回，同当地的苏军快速突击部队一起彻底切断科尔松地区德军与其主力军的联系。接着，苏军主力又迅速沿着突破口继续分割敌军，并开始向合围中心压缩。

在此局势下，德军统帅部为挽救陷入重围的10余万部队，紧急调十几个师的兵力前来解围。被围的德军也企图冲开“大门”，与解围的援兵会合。乘胜追击的朱可夫却将坦克第二集团军调来实施反突围，使德军突围的美梦破灭。双方连续激战了一个星期，前来解围的德军最终被苏军挡在被围德军12千米之外。德军防守的“大门”被牢牢关死。而朱可夫“关门捉贼”之计的成功，保证了苏军在2月17日如期发动总攻，将被围德军悉数歼灭。

“关门捉贼”之计，虽然关弱不关强，但运用得好，是完全有可能围歼敌方主力部队的。“用兵之法，十则围之，五则攻之，倍则分之。”朱可夫所遇之敌军，其势并不弱，幸而他有勇有谋，沉着冷静，指挥若定，故能最终夺取胜利。

处世活用

“关门捉贼”不仅可以是待敌攻我时再“关门”，也可是主动地制造所谓的“口袋”，有计划地诱敌就范。而在求职上，可以与同学、朋友等结成联盟，让用人单位主动找上门来。

比如，大学里举行的院系就业洽谈会，或几个同学联合在报纸、电视、网络上自我求职，寻求符合自己条件的单位等，都属于“关门捉贼”的延伸。如此求职，在当前就业形势极为严峻的情况下，不失为聪明之举。

有一位计算机专业的研究生，他的女友是和他同一学校的历史学本科毕业生，两个人希望毕业后到长江以南的同一城市就业。他们一起到过上海、广州、深圳、珠海等几个大城市的人才市场，男方找工作倒不难，只是一和用人单位谈他女友的情况，人家就纷纷拒绝了。

就在他和女友都因找工作而深感疲惫时，有人建议他们不妨做广告试试。于是他和女友同时在某都市报上刊登出了求职广告，标明了自己的专长、能力以及求职意向，诚恳地希望能找到合适的用人单位。

结果，果真有两家企业和一家科研单位找上门来，与他们联系洽谈。最后，他们看中了一家大型企业，男方进了企业生产计划处，女友则被安排到了企业的档案室，最终也算是达到了理想的就业状态。

相对于职场个体而言，供大于求的人才市场及用人单位无疑是强大而处于主导地位的。近年来，基本上都是用人单位提出用人条件，职场个体随之按照要求参加应聘。处于如此弱势条件下，职场个体不妨像这两人一样巧用“关门捉贼”的谋略，变被动为主动，只要符合要求，就不难找到理想的用人单位。

第二十三计　远交近攻[1]

在攻势混乱的局面中，各种势力陷于联合与分裂的频繁变换之中，都为自己争夺利益与发展。这时，不要去进攻远处，可以用利益与其友好相交，而如果与邻国相交好，反而使变乱发生在自己身边。

原文

形禁势格[2]，利从近取，害以远隔[3]。上火下泽[4]。

注释

①远交近攻：原指结交远处的国家，攻打邻近的国家。这样的战争，既没有门前之祸，又没有借道之难，极其有利于夺取地盘。

②形禁势格：受到地势的阻挡与限制。形，地形；禁，禁止；格，阻碍，限制。

③利从近取，害以远隔：对己方有利的形势是先就近攻取敌人，越过近敌，先去攻取远隔之敌，则十分危险。

④上火下泽：火焰向上伸，池水在下面淌；两相矛盾，却可以达到暂时的联合。

译文

凡是受到地形限制的，攻取附近的敌方，就有利；攻击远隔的敌方，就有害。火苗向上冒，池水向下淌，同是敌方，对策可以不同。

按语

混战之局，纵横捭阖之中，各自取利。远不可攻，而可以利相结；近者交之，反使变生肘腋。范雎之谋，为地理之定则，其理甚明。(《战国策·秦策》《战略考·战国》)

谋略精解

“远交近攻”，最初作为外交和军事的策略，是和远方的国家结盟，而与邻近的国家为敌。这样做既可以防止邻国肘腋之变，又能使敌人两面受敌，无法与我方抗衡。

具体运用时，是为了防范敌方结盟，而千方百计地制造和利用矛盾，分化敌人，逐个击破。先消灭近敌，之前远交的国家便又成为新的攻击对象。因此，远交并非要长久交好。远敌亦是敌人，早晚都是心腹之患。所以说，远交其实是为了避免树敌过多而采用的一种暂时性的外交诱骗，有助于集中力量应付眼前的敌人，并将其置于孤立无援的境地。而近敌一旦被消灭，远交的使命便可宣告完成。

近交的不利之处有两个：一是暂时安抚下来的近处之敌，也随时会有翻脸的可能；二是近敌在我们的外围，就像蚕茧蛇蜕之前一样，紧紧束缚着我们向外发展。远攻的不利之处有三个：一是远道袭人，风险颇大；二是舍近求远，劳民伤财；三是即便取得了胜利，占据了地盘，也反而会因为远离本土而无法保卫，成为我方沉重的包袱。

与之相对应，近攻的好处有三。一是可以拓展我方的地盘和势力范围。近攻取得的疆土与我国土紧邻，十分便于守护及利用。二是近距离作战便于集中力量，一举夺胜。三是相对来说消耗的人力和物力较少，对国家财政不会造成严重的影响。远交的好处有二。一是孤立近处的敌人，使其得不到援助而束手就擒。二是结交远者本身就是一种麻痹手段，让其放松警惕，以便日后突袭获胜。

施用“远交近攻”之计时，需要注意以下问题。

一是对于不同的敌人要采用不同的应对策略。敌人所处的地理位置、客观条件、价值观念不同，对危险的感受也会不同，因而对我们的用途也就不同。所以对不同背景的敌人要区别对待，采取不同的对策。这样才能让自己处于有利地位，而不至于让敌人牵着鼻子走。

二是从容易攻破的地方入手，其势如破竹，可以尽快打开局面，事半功倍。获胜之后，对士气也会是一种激励，进而产生一种良性循环，反过来促进更大的胜利。相反，如果从难者开始，久攻不下，士气就会大减。因此，对付众多的敌人，就更应从易者下手，有次序、有重点地予以歼灭。

兵家活用

“远交近攻”，是一种利用矛盾分化瓦解对手，实行各个击破的策略。历史上，许多人将此计运用得得心应手，因此实现了自己蚕食诸国的目标。

古巴比伦原本是一个疆域狭小、国力很弱的小国。其周边强国林立：西北有玛里，东北有埃什努那，南边有伊新、乌鲁克，东南有拉伽什，北面有亚述，东面有善战的伊兰人。

公元前 1792 年，汉谟拉比继承王位，成为古巴比伦王朝的第六任国王。汉谟拉比是个雄心勃勃的君主，自从继任之后，他便立志要让巴比伦强盛起来。为此，他大力发展经济，仅用了几年时间，就让巴比伦财茂物丰起来。

而拥有雄才大略的汉谟拉比并不满足于此，他的奋斗目标是吞并诸国，统一两河流域，让巴比伦成为一个大国。为此，他决定采用“远交近攻”的策略。

汉谟拉比将南方的近邻伊新确定为第一个吞并目标。为成功达成这一目的，他不惜委屈自己，向强大的亚述帝国俯首称臣，极尽讨好之能事。同时，他还极力维持着与拉伽什的密切友好关系。很快，汉谟拉比便联合拉伽什一举将伊新消灭，并顺势吞并了乌鲁克。随后，汉谟拉比联合起饱受亚述欺凌的玛里，共同对付亚述。

公元前1783年，亚述国王玛什亚达德一世去世。汉谟拉比乘机帮助原玛里国王吉摩里利姆复位，接着两国军队一起攻向亚述，攻占了亚述的南部地区，亚述帝国从此一蹶不振。

为了进一步拉拢玛里，汉谟拉比出兵帮助玛里击退了西边游牧部落和东邻埃什努那的进攻，促使玛里国王吉摩里利姆主动与他结为刎颈之交。看到巴比伦北部再无强敌，汉谟拉比便开始将吞并的矛头指向昔日的盟友拉伽什。

公元前1763年，汉谟拉比联合玛里国军队打败了拉伽什。最后，当玛里国王吉摩里利姆发觉自己的处境也开始不妙时，汉谟拉比已将大军摆在了玛里城下，原本是“兄弟”的吉摩里利姆最终被迫向汉谟拉比屈服。

公元前1755年，汉谟拉比征服了原巴比伦国最后一个邻国埃什努那。至此，经过30年的征战，汉谟拉比终于统一了两河流域，建立起了一个强大的巴比伦。

汉谟拉比用“远交近攻”的策略，让敌人相互敌视，进而逐个击破，将自己弱小的国家变成了强大的联合体，充分证明了“远交近攻”的确是战场上恒久不变的法则。

处世活用

“远交近攻”，可以在地理位置、利益关系、组织关系、影响范围等诸多方面，有所远，有所近。因此，在具体的问题和事件上，要弄清楚“远”与“近”的概念。这样，才能准确把握全局，从而获得成功。

赵匡胤登上帝位以后，用一杯酒夺取了老战友们的兵权，驯服了“义社十兄弟”中的其余九人，杀了兵变时为他开门放行的封丘守门官，这些均为“近攻”。

除“近攻”外，赵匡胤也十分注重“远交”。他很注重发现人才，起用了很多没有资历但很有才学的人担当要职。

陈桥兵变时，陈桥守门官忠于后周，闭门防守，拒放赵军通过。赵军改走封丘，封丘守门官开门放行。赵匡胤当皇帝后，杀了封丘守门官，却起用了陈桥守门官。

一次，赵匡胤宴请群臣，翰林学士王著喝了酒，当众痛哭后周故主。有人上奏说应当严惩。赵说：“在世宗时，我和他同为朝臣。一个书生，哭哭啼啼，没有什么问题，让他哭吧！”于是王著什么事也没有。

一次，赵匡胤乘驾出游，突然，有人向他射来一箭，射中黄龙旗。禁卫军大惊，有人上奏追捕杀手。赵匡胤说：“谢谢他教我箭法。”下令不准禁卫军追捕射箭人。

赵匡胤就这样采取“近攻”，有效地抑制了功臣和皇亲国戚势力的不良发展；通过“远交”网罗了大批人才，为己所用，分散了各大臣、王族的势力，又营造了宽松的政治气氛与社会环境，促进了国家的安定与发展。

第二十四计　假道伐虢[1]

假道，即借路。语出《左传·僖公二年》：“晋荀息请以屈产之乘与垂棘之璧，假道于虞以伐虢（guó）。”这是一种蒙骗利诱、借机攻取的谋略。

原文

两大之间，敌胁以从，我假[2]以势。《困》，有言不信[3]。

注释

①假道伐虢：春秋时期，晋国想要吞并邻近的两个小国“虞”和“虢”。于是，先用珍宝、名马贿赂虞公，让他允许晋国从虞国借道去攻打虢国。不料，虢国被攻下之后，晋国在归途中顺便把虞国也灭掉了。

②假：假借。

③《困》，有言不信：此处运用《易经》的卦理，是说小国面临胁迫时，我国如果只空承诺出兵援救，而不采取相应的行动，是难以令其信任的。困，困乏，卦辞。

译文

处在敌我两个大国中间的小国，当敌方强迫他屈服的时候，我方要立刻出兵，显示威力，给予援救。对于这种面临困难的国家，光是说在嘴上，而没有实际行动，那是不会使他相信的。

按语

假地用兵之举，非巧言可诳，必其势不受一方之胁从，则将受双方之夹击。如此境况之际，敌必迫之以威，我则诳之以不害，利其幸存之心，速得全势。彼将不能自阵，故不战而灭之矣。如：晋侯假道于虞以伐虢。晋灭虢，虢公丑奔京师。师还，袭虞灭之。（《左传·僖公二年》《左传·僖公五年》）

谋略精解

“假道伐虢”，有瞄准时机渗透势力的含义。这种行动不是靠花言巧语可以骗取的。前提是需要借道的小国正好处于不利的形势，敌方企图用武力来逼迫其降服。我方此时就可以用不侵犯它的利益作保证，利用它侥幸图存的心理，立刻把力量渗透进去，控制整个局面。这样，小国势必不能自立，我方不必发动战争，就可以轻而易举地将其拿下。

“假道伐虢”更深的含义，是一种军事上的跳板战略。其意在于先利用甲（小国）做跳板，去消灭乙。此时甲放松了警惕，也失去了救援，在回师的路上就可以连甲也一并消灭掉。这是一种以借路为名，行霸占之实的计策。

小国的君主之所以会心甘情愿地提供便利给他国，一是出于对利益的考虑，一是对势力的思量。就第一种情况而言，一般来说，小国的君主都会预料到借道对自身的不利后果，但是在巨大的利益面前，他往往会装出一副糊涂的模样，被眼前暂时的利益蒙蔽双眼，不明不白地就把国家拱手相送了。而后一种情况，被借道的国家大多实力比较弱小，于是奢望通过借道给大国，灭掉与自己相邻的国家。一方面自己可以坐收渔利，另一方面可以与大国攀上关系，保一个平安。殊不知，“卧榻之旁，岂容他人鼾睡？”大国既然可以借你之路灭邻国，就一样可以将你收入囊中。

对于施计者来说，此计的关键在于“假道”。要善于寻找“假道”的借口，理由也要充分，并善于隐蔽“假道”的真正企图，而后突出奇兵，往往可以轻松取胜。

兵家活用

施用“假道伐虢”之计，关键点在“假道”上。“假道伐虢”者，可以为“假道”找出多种多样的借口，以掩盖其真实的军事企图。1940 年 4 月，在第二次世界大战中，德国入侵丹麦和挪威时即采用了此计谋。

战争开始后，希特勒意识到：拥有丰富矿产资源的德国周边诸国，不仅是德国继续进行战争侵略所必需的有利阵地，而且是德国战争原料的重要来源地。他认为有了充足的战争资源就可以延续战争，因此对周边诸国早已存有霸占之心。对丹麦和挪威两个国家，更是垂涎三尺。

在地理位置上，德国往北毗邻丹麦，丹麦向北是挪威。“经丹麦攻挪威”应该是一个理想的作战方案。于是，希特勒经过再三斟酌，最后指示德军参谋本部制定了代号为“威悉河演习”的“假道伐虢”入侵战略。

发起总攻前，德军先利用特工人员进行了大量宣传，声称“德国和丹麦是友好邻邦，一旦有战事，德军借道丹麦是为了保护丹麦”，以蒙蔽丹麦，使其不做任何防范。

1940 年 4 月 9 日，德军按照作战预案，打算佯装从丹麦穿过，进攻挪威。5 时，集结在德国和丹麦边境周围的德军先遣部队驾驶着摩托车，一路趾高气扬地向前顺利开进。由于事前德军做了足够的欺骗宣传，他们在丹德边境没有遇到任何抵抗。

德军突破丹德边境后，迅速向丹麦腹地推进。与此同时，德军的登陆兵也在丹麦的西兰岛、弗恩岛、法耳斯特岛登陆。德军入侵丹麦全境后，始料不及地直逼丹麦国王及其政府驻地。丹麦国王及其政府在威逼之下，不战而降，屈辱地签订了投降协议书，将整个国家拱手送给了德国侵略者。

德军在“借道”并成功占领丹麦之后，又在大量飞机的掩护下，利用登陆兵和空降兵占领了挪威最重要的港口及主要机场，并向挪威内地发起进攻。最后，德军只用了很短的时间便全面击溃了挪威军队，拿下了整个挪威。德国最终实现了自己“假道伐虢”的作战预案。

处世活用

林则徐不仅是近代著名的爱国者，还是一位体察民间疾苦的清官。

在林则徐担任湖广总督期间，湖北曾发生百年不遇的旱灾。庄稼枯死，米价暴涨，许多农民流离失所。于是林则徐号召官员们捐粮捐款，不料竟无人响应。林则徐心中恼怒，表面上却不露声色。他派人发出告示：“为解百姓饥馑之苦，本府定于三日后设坛祈雨。上自督抚，下到县官，皆应照例斋戒三日。不许吃荤，不许喝酒，以示诚心敬天之意。”

三天后，林则徐亲自率众官登坛焚香，行礼祈福。仪式结束后，林则徐命令众官坐在芦席之上，然后对大家说：“为官者平日养尊处优，今天我和诸位都不张伞打扇，坐在烈日之下体验一下农民稼穑之苦，怎么样？”

众官不敢违令，在烈日下刚坐了三炷香的工夫，便汗流浃背，叫苦连天。林则徐这时好像忽然想起了什么，说：“天气炎热，怎么能没茶呢？”于是命人端来茶水。林则徐与众官每人喝了一碗，不久，众人呕吐不止。

林则徐见状，起身正色道：“谁都不许掩盖呕吐之物。让侍官一一检查，看看我们此次斋戒敬天是否忠诚。”结果，除了林则徐所吐为粗饭蔬菜之外，其他人皆为酒肉腥荤之物。林则徐神色严肃地说：“斋戒祈雨，何等重要！你们竟敢如此不诚。天一直不降雨，就是你们触怒上天的结果。诸位现在有何话说？”众官面面相觑，既恐慌又惭愧，都表示愿意尽力捐钱。这样，林则徐很快用筹到的一笔巨款，赈济了灾民，平抑了粮价。

在这里，林则徐运用的便是“假道伐虢”之计，是假借祈天求雨之名，行迫使众官捐钱之实。林则徐利用茶中的呕吐物不动声色地将这些吝于出钱的官员逼入被动的局面，让他们乖乖地掏腰包，可谓用心良苦。

第二十五计　偷梁换柱[1]

“偷梁换柱”，是指用偷换的方法，暗中改换事物的本来面貌和实质内容，是一种蒙混欺骗的策略。作战中，我方抽走敌方劲旅，如同抽出梁木，房屋就会坍塌，于是我方便可控制敌方了。

原文

频更其阵[2]，抽其劲旅[3]，待其自败，而后乘之[4]，曳其轮[5]也。

注释

①偷梁换柱：原意是指暗中更换掉事物的主体，以蒙混欺骗对方。后来引申为抽调对方主力，其阵势也随之垮掉。

②频：频繁，不断。阵：古代作战时的布阵。

③劲旅：精锐部队，此处指主力部队。

④乘：乘机，乘势。乘之：乘机对其加以控制或吞并。

⑤曳其轮：拖住车轮，车子便不能前行。这是显而易见的，就如同抽去了梁柱，房屋就会倒塌一样。曳，拖住，拉住。

译文

采取措施频繁变更敌军的阵式，借以暗暗从阵中的要害处抽换其主力部队，等到它自趋失败，然后再乘机加以控制。就好比控制并拖住车的轮子，车子就不能运行了。

按语

阵有纵横，天衡为梁，地轴为柱。梁柱以精兵为之，故观其阵，则知精兵之所在。共战他敌时，频更其阵，暗中抽换其精兵，或竟代其为梁柱，势成阵塌，遂兼其兵。并此敌以击他敌之首策也。（佚名）

谋略精解

“偷梁换柱”是一种偷换概念的计谋，是通过暗中变换事物的本质或内容，以达到欺骗目的的策略。“偷天换日”“偷龙转凤”“掉包计”都是同样的意思。“梁”，指采用粗大而坚实木料的房梁；柱，指支撑房梁的较细木料。这里用来比喻军队的主力与非主力的关系。

古代作战，双方要摆开阵势，列阵都要按东、南、西、北方位部署。阵中有“天横”，首尾相对，相当于阵的大梁；“地轴”在阵中央，是阵的支枕。梁和柱的位置往往就是部署主力部队的地方。因此，仔细观察敌方的阵容，就能找出敌军的主力所在。

一间房的梁柱被换掉，那么房子就会倒塌；同理，一支军队的主力如果被偷换，那这支军队就要垮掉。要知道，两军对垒，各有所长，有时往往是两败俱伤。但如果能用计将对方的精锐力量抽掉，使之以次充好，然后以强击弱，胜券便多了几分。

而如果是与其他部队联合作战，则可以设法多次变换自己的布阵，暗中抽出主力，用友军的部队去代替，这样暗中将盟友兼并过来，统一意志，统一行动，一致对敌。这是“偷梁换柱”之计更深层次的含义。

因此，如何抽调和能否抽调敌方或友军精锐主力，就成为运用此计的关键。引诱或用变换的手法（假象）迫使其自行调动，是比较好的办法。但一定要注意，调换必须在十分隐蔽的状态下进行，只有在敌人没有发现任何破绽的时候，才能实现用次要的换主要的，用假的换真的，用坏的换好的，实现自己的目的。

兵家活用

运用“偷梁换柱”之计，关键点在使用方的谋划水平及保密程度，这是成功地实现“偷”和“换”的前提和关键。因此使自己的行动丝毫没有被对方察觉是最重要的。

1944 年春天，盟军决定在诺曼底实施登陆作战计划，给德军致命一击。为了迷惑德国人，盟军情报部门精心策划了一个“偷梁换柱”的欺敌行动。

为了让德国人拿到一些“证据”，证明英国登陆部队司令官蒙哥马利元帅已离开英国本土，前往直布罗陀和阿尔及尔视察，盟军情报部门为蒙哥马利元帅物色了一个替身——中尉杰姆士。

之所以选中杰姆士，是因为他的相貌十分酷似蒙哥马利元帅。伦敦一家报纸甚至刊登过杰姆士的照片，并在一旁特别注明：他不是蒙哥马利，而是杰姆士中尉！战前，杰姆士曾做过 25 年的职业演员，这为他扮演蒙哥马利元帅提供了极大的便利。

接受任务的杰姆士在很短的时间内便熟悉了蒙哥马利所有的生活习惯，并被安排与蒙哥马利元帅生活在一起，直到让外人无法辨认真伪为止。

5 月 15 日，由杰姆士扮演的“蒙哥马利元帅”，在高级将领的欢呼声中，搭乘首相专机飞往了直布罗陀和阿尔及尔。与此同时，盟军情报部门还故意放风说："蒙哥马利元帅"此行的目的是组织并部署在法国南部的登陆作战。

为了验证真伪，盖世太保特意派出两名受过严格训练的间谍前往直布罗陀和阿尔及尔侦察。"蒙哥马利元帅"故意在德国间谍出没的场合频频露面，最后，间谍对一切都确信无疑。

果然，盟军这一"偷梁换柱"的计谋收到了意想不到的奇效。德军统帅部误信盟军将在法国南部加来地区登陆，于是迅速把防守在诺曼底地区的两个坦克团和6个步兵师抽调到了加来地区，大大减轻了盟军在诺曼底地区登陆的压力，确保了盟军在这场关键性战役中的成功。

处世活用

齐国孟尝君遭秦软禁，为脱樊笼，先派一门客偷出已献给秦王的狐白裘，拿来贿赂秦王宠爱的燕姬，燕姬用甜言蜜语说服了秦王，同意将孟尝君放回齐国。孟尝君得到过关文书，急忙奔赴函谷关。为防止秦王派人追赶和守关人的刁难，他除隐姓改名外，还让一个有造假和挖补技能的门客巧妙地在过关文书上做了手脚，才平安无事地免去了通过函谷关的麻烦。但到关时正值午夜，而大门要鸡叫时才开。孟尝君怕秦兵追来，十分焦急，多亏他的另一门客会学公鸡叫，他一"叫"，群鸡皆鸣。于是关吏验证、开关，孟尝君一行便远驰而去。等到秦王醒悟派兵追来，为时已晚，孟尝君等已经杳如黄鹤。这过关的一系列办法，就是用的"偷梁换柱"之计。

隋朝有个知县也曾妙用此计为民除害，扶正祛邪。当时，泉县的大恶霸冯弧，倚仗姐夫是吏部侍郎，无恶不作，到处残害百姓。一次，他输了棋，一怒之下，竟用砖砸死对方。此案告到县里，知县魏复写了判处冯弧死刑的案卷，呈报到京城。吏部侍郎接过此案，批道：“此案不实，请魏县主另议。”将案卷退回，并暗中给魏复写信，说冯弧是他小舅子，让他从轻处理，并承诺将来保举魏复当大官。魏复十分愤怒，再次呈报案卷，仍被退回。他心生一计，在案卷上写：“杀人犯马瓜，无故杀人，欲予斩首示众，特报请审批。”第三次送京。吏部侍郎看了人名后，没细看案卷内容，就挥笔批了“同意处斩”。批文到县后，魏复在“马”字旁加了两点，“瓜”字旁加了个“弓”字，就成“杀人犯冯弧”，魏复急令衙役将冯弧就地处斩。等到吏部侍郎知道情况时，明知上当，但也为时已晚。

第二十六计　指桑骂槐[1]

“指桑骂槐”之计是一种有效的心理暗示手段。在军事上，作战指挥者以适当的强硬姿态使自己可以得到支持，再施以果敢的手段，必可使对方心服。

“杀鸡儆猴”“敲山震虎”均属此列。

原文

大凌小者[2]，警以诱之[3]。刚中而应，行险而顺。

注释

①指桑骂槐：原意指对着张三骂，实际上却想达到教训李四的目的。用在军事上，通常是用“杀鸡儆猴”“敲山震虎”的暗示手法树立威信，指挥三军。

②大凌小者：意为强大者控制弱小者。凌，凌驾，控制。

③警以诱之：意为用警告的方法诱导（弱小者）。警，使用警戒的方法；诱，诱导。

译文

凭借强大的实力去控制弱小者，需要用警戒的方法去进行诱导。适当地运用刚猛阴毒的办法，可以赢得人们的归顺，获得最后的成功。

按语

率数未服者以对敌，若策之不行，而利诱之，又反启其疑。于是故为自误，责他人之失，以暗警之。警之者，反诱之也，此盖以刚险驱之也。或曰：此遣将之法也。（佚名）

谋略精解

“指桑骂槐”，原意是指着桑树骂槐树，后来引申为一种甲通过骂丙来教训乙的旁敲侧击战略。

在环境、身份、礼节等多种因素的限制下，骂人者想骂某人，但又不便于直接骂，于是另外找个对象来骂，让被骂者得到警戒，明明感觉到在挨骂，却因为没有被指名道姓，找不到回击的把柄，即便咬牙切齿也无法站出来还击，有苦难言。因此，此计可成功地避免正面冲突。

作为一种计谋，“指桑骂槐”在军事上是一种用“杀鸡儆猴”的手段严肃法纪、树立威信的策略。顽皮的猴子，经常不服调教，驯猴人便当其面杀鸡，用鲜血淋漓的下场来恐吓它，这样猴子便乖乖地驯服了。

在面对众多下属的时候，为了统一组织内部的意志与行动，以防兵不服将、有令不行、屡禁不止的事件发生，或在面对弱小之敌时，为了不直接用武力就可使其降服，并有效瓦解其反抗，智慧的指挥者也常常暗中找借口对相关人士实施警告，或采用较为强硬的态度对其加以诱迫。即间接训诫部下或威迫弱者，以使他人充分敬服。这是一种轻松统御众人的心理战略。

“指桑骂槐”之计，就是要达到敲山震虎、警戒逞威的效果，即用敲击山梁的办法来显示威风，进而威慑老虎。而这里的敲山只是一种摆出来的架势，意在向老虎展示自己的威力及强硬态度，好让其意识到对手也是很强大、难以对付、不可小觑的，如果不老老实实、规规矩矩地顺从或降服，就会有悲惨的下场。

兵家活用

“指桑骂槐”用在治军上，就是杀鸡给猴看，杀人给人看。目的是给其警觉，让其乖乖就范。有时在法不责众的情况下，就可以通过这种处理一人来警戒众人的方式来达到杀一儆百的效果。

五代十国时，后汉李守贞、赵思绾、王景崇沆瀣一气，发动了著名的“三镇之乱”。后汉朝廷派大将郭威统兵征伐。郭威出征前，特意向老太师冯道请教治军之策，冯道说：“李守贞是员老将，他所依靠的是官卒同心。如果你能重赏将士，必能胜于他，并将其制服。”郭威听后连连称是。

出兵后，郭威很快进抵李守贞盘踞的河中城外，断绝了其与外界的联系，试图用长期围困的方法，逼迫李守贞降服。遵照冯道的教诲，郭威对部下有功即赏，将士受伤患病即刻探望，犯了错误也不加追罚。时间一长，郭威果然赢得了军心，但也因此助长了姑息养奸之风。

李守贞陷入重围后，数次试图向西突围，以便与赵思绾取得联系，但都被郭威击退，一筹莫展。一天，李守贞在听到将士们议论郭威治军的事情时，突然眉头一皱，计上心来。

他派一批精明的将士扮作河中城百姓，潜出城外，在郭威驻军营地附近开了几家酒店，这些酒店不仅价格低廉，还可以随意赊欠。于是，郭威的士卒们经常三五成群地到酒店喝酒，一喝便是酩酊大醉，将领们对此也不加约束。

李守贞见妙计奏效，便悄悄地派出部将王继勋率领千余精兵乘夜色潜入河西后汉军营，发起突然袭击。后汉军没有丝毫戒备，连巡逻骑兵此时都醉得不省人事。

突然，郭威从梦中惊醒，慌忙遣将增援。将士们却都畏缩不前。危急中，裨将李韬舍命冲出。这时，众将士才大喊一声，憋足气，跟了上去。最后，王继勋因兵力太少，功亏一篑，无奈退回了河中城。

这一次突击为郭威敲响了警钟。他痛感军纪松弛的巨大危险，于是立即下令："除了犒赏宴饮，所有将士不得私自饮酒。违者军法论处。"

谁知，军令颁布的第二天清早，郭威的爱将李审就率先违令饮酒。郭威又气又恨，考虑再三，最后还是命人将李审拖出营门，斩首示众，以正军法。众将士见郭威斩杀爱将李审，甚是惶恐，赶紧收起放纵之心，使得军纪得以维护。

不久，郭威向河中城发起猛攻，一举平定了李守贞，随后又镇压了赵思绾和王景崇之军，"三镇之乱"终于结束了。

不难看出，郭威的"指桑骂槐"甚是及时，如果当初他碍于情面，继续姑息养奸，那最终高唱凯歌的就会是李守贞、赵思绾、王景崇三人了。

处世活用

第二次世界大战期间，美国总统罗斯福的私人顾问萨克斯受爱因斯坦等许多科学家的委托，拜见了罗斯福，要求美国重视对原子弹的研究，抢在纳粹德国的前面制造出原子弹，以在未来的战争中使盟国取得主动。不料罗斯福对此毫无兴趣，因为当时美国受经济危机的影响，经济发展很不景气，政府无力投巨资来支持这项无法预知结果的研究项目。

尽管罗斯福很生硬地拒绝了萨克斯，但萨克斯并没有因此而放弃。当罗斯福为自己的态度粗暴而向萨克斯致歉并邀请他共进晚餐时，萨克斯认为机会来了。罗斯福不许萨克斯在餐桌上谈物理学和原子弹，他便饶有兴趣地谈起了历史：当年拿破仑在陆战中所向披靡，战无不胜，但海战却屡屡受挫。一位美国人向拿破仑建议把法国战舰的桅杆砍断，安装上蒸汽机，将船板换成钢板，说这样可保证海战胜利，顺利占领英国。可拿破仑认为，无帆之船何以能行驶？钢板结构的船不沉没才是怪事。于是他把这个美国人富尔顿当作疯子赶走了。这件事令许多历史学家抱憾不已，他们认为拿破仑如若采纳了富尔顿的建议，欧洲的历史或许要重写。

萨克斯若无其事地讲完了故事，而罗斯福却越听脸色越严肃，最后一言不发，陷入了沉思。这不由得使萨克斯也紧张起来，他不知道会有什么样的结果。突然，罗斯福微笑着对萨克斯说："你赢了，请马上组织研制原子弹！"萨克斯受宠若惊，他没有想到罗斯福转变得如此之快。萨克斯双手紧握总统的手说："您的英明决策，将使盟国赢得最后的胜利！"

这里萨克斯以拿破仑的失败"指桑骂槐"地暗示罗斯福：拒绝先进的科学技术，便有可能丧失掉难得的历史契机。作为总统，罗斯福何尝不想建功立业、名垂青史！他又何尝不知道赢得反法西斯战争的胜利对美利坚合众国意味着什么！所以，经权衡利弊，罗斯福果断接受了萨克斯的建议。随后历史的发展证实了罗斯福总统的英明决断，因为美军在日本投放的两枚原子弹宣告了德意日法西斯的彻底失败。

第二十七计　假痴不癫[1]

“假痴不癫”，其关键在一个“假”字上。这里的“假”，意思是伪装，“假痴不癫”是指表面上装疯卖傻，而实际上内心却特别清醒。“痴”是痴呆愚笨，“癫”则为癫狂错乱。“假痴不癫”多应用于自身难保、情况不利的情况，此时假装愚笨、胸无大志，或身病体残、不省人事，目的是使对手放松警惕，增加他的傲气，并躲过杀身之祸。“痴”“癫”只是一种表面现象，而暗中要积极准备，等待时机，时机已到，就要突然采取行动。这种方法的关键是要表演得逼真，不露破绽，若表现不逼真，被对手识破，则非常危险。

原文

宁伪作[2]不知不为，不伪作假知妄为。静不露机[3]，云雷屯[4]也。

注释

①假痴不癫：外表呆傻，内心却清醒。痴，呆傻；癫，发狂。

②为作：假装，佯装。

③静：沉静，平静。机：这里指心机。

④云雷屯：茅草穿土初出叫作“屯”。云在雷上，说明茅草穿土初出之时，遇雷雨交加。在这里指有作为的人大智若愚，暗中运筹。运用计谋就像雷电在发声、发光之前那样沉静，蓄势待发。

译文

宁可装作糊涂而不行动，不可自以为聪明而轻举妄动。要沉着，不泄露一点机密。就像云势压住雷动一样，一旦爆发攻击，便出其不意而获胜。

按语

假作不知而实知，假作不为而实不可为，或将有所为。司马懿之假病昏以诛曹爽，受巾帼、假请命以老蜀兵，所以成功；姜维九伐中原，明知不可为而妄为之，则似痴矣，所以破灭。兵书曰：“故善战者之胜也，无智名，无勇功。”当其机未发时，静屯似痴；若假癫，则不但露机，且乱动而群疑。故假痴者胜，假癫者败。或曰：“假痴可以对敌，并可以用兵。”宋代，南俗尚鬼。狄青征侬智高时，大兵始出桂林之南，因佯祝曰：“胜负无以为据。”乃取百钱自持，与神约：“果大捷，则投此钱尽钱面也。”左右谏止：“倘不如意，恐沮师。”青不听。万众方耸视，已而挥手一掷，百钱旨面。于是举兵欢呼，声震林野，青亦大喜；顾左右，取百钉来，即随钱疏密，布地而贴钉之，加以青纱笼护，手自封焉。曰：“俟凯旋，当酬神取钱。”其后平邕州还师，如言取钱，幕府士大夫共祝视，乃两面钱也。（《战略考·宋》）

谋略精解

“假痴不癫”，是从民间俗语“装疯卖傻”“装聋作哑”转化来的。在日常生活中，人们为了回避某种矛盾或渡过某种危难，或者对付某个实力强大的对手时，故意在一段时间内装作愚蠢痴呆，以保全自己，趁势出击，战胜对手。

“假痴不癫”之计，重点在一个“假”字，表面上伪装得痴痴呆呆，内心却特别清醒。因此，此计常常被野心勃勃又颇有心计的人运用。他们往往在实力还不够强大，时机还不够成熟的时候，用假痴迷惑众人，以掩盖自己的真实企图。

此计用于政治谋略，属于韬晦之术。在形势不利于自己时，表面上装痴扮呆，给人以碌碌无为的假象。其实质是隐藏自己的才能，掩盖满腔的政治抱负，躲开政敌的警觉，避开其锋芒。而后专心等候时机，完成自己的使命。

在军事上，有时是为了以退求进，以达到后发制人。这就像云势压住雷动，不露声色，最后一旦爆发，必定出其不意而获胜。

要很好地理解“假痴不癫”之计，可以从以下几种含义进行把握。

一是难得糊涂。糊涂是很难做到的，所谓的难，就难在本不是真糊涂，却还要装糊涂。目的就在于让别人完全相信你。

二是大智若愚。在条件不利的情况下，为了保护自己，常常以装疯卖傻、装聋作哑来蒙混对方。这种假作不知、假作不为、假作不是的做法，表面上让人觉得与世无争，弱而无能，实际上却精明至极。

三是不露玄机。要做到静不露机，蓄而待发。之所以要把内心的想法深藏起来，不让人知道，是因为要等待时机的成熟。在时机不成熟的情况下，过早地暴露自己的意图，一定会惨遭失败。

四是深藏若虚。本来很有秩序却故意表现出混乱的样子；本来很饱暖，却露出饥寒的模样；本来人很多，却让人觉得人数很少；本来很勇猛，却表现出很怯弱的样子；本来准备充足，却表现出毫无防备的样子，由此麻痹对手，获取成功。

兵家活用

“假痴不癫”是一种麻痹敌人、待机而动的计谋。斯大林就曾利用这种方法，不露破绽地表演了一场逼真的“装聋作哑”剧。

第二次世界大战期间，同盟国与轴心国在战场上的军事较量常常作为令人瞩目的大事，在世界各国的报刊、广播中被报道及传播。然而，对于另一场悄无声息的较量——研究原子弹，各个国家却都是在鲜为人知的情况下，激烈而秘密地进行着。美、苏、德等国，无一不想抢先研制成功，好将其作为一种威慑性的武器，用于战争之中。

1945 年 7 月 17 日，苏、美、英三国首脑在波茨坦开会，研究对日作战等重大问题。此时，他们对战后的战略图谋其实也早已各有打算。

在一次会议休息时，美国总统杜鲁门对斯大林提起，美国已研制出一种威力非常强大的炸弹，以此暗示美国已拥有原子弹，恐吓斯大林。在杜鲁门讲这番话时，英国首相丘吉尔紧紧盯着斯大林的脸，观察他对杜鲁门讲话的反应。

然而，斯大林好像没有听见一样，丝毫没有露出任何异常的表情。以至于许多人回忆说，斯大林大概有点聋，当时没有听清楚杜鲁门的话。而实际上，他不仅听懂了杜鲁门的话，还听出了这些话的弦外之音。会后，他对外交部长莫洛托夫说：“应该加快我们研制工作的进度。”

就是这次会议之后，苏联开始集中力量研制原子弹。到1946年底，苏联的第一个铀－石墨反应堆建成。随后，研究人员建立了强大的实验反应堆和工业反应堆，并开始生产分裂物质。到1949年9月25日，苏联成功爆炸了第一颗原子弹。这一事件完全出乎了美国人的预料，引起了全世界的极大震动。

原子弹爆炸后，杜鲁门才对当年斯大林的装聋作哑如梦方醒，对此只发表了简短的公报：“我们已掌握苏联进行了一次原子弹爆炸的证据。”除此之外，他们还能说什么呢？这个“突然袭击”对美国打击太大了。

从此以后，美苏在战略上的核竞赛便全面展开了。

不难看出，斯大林当初“装聋作哑”的行动，无疑是带有战略意义的举动，是心战谋略的杰出表现。

处世活用

运用“假痴不癫”之计，将真相掩盖起来，迷惑对方，让自己占据优势，最终获取利益的行为，在日常生活中屡见不鲜。

美国第九任总统威廉·亨利·哈里森出生在一个小镇上，他小时候是个文静内向的孩子，许多大人把他当作小傻瓜，经常捉弄他。大人们把一枚5分硬币同一枚1角的硬币同时扔在哈里森的面前，让他任意捡一个，哈里森总是捡那个5分的，于是大家都嘲笑他。

有一天，一位好心人问他：“难道你不知道1角比5分值钱吗？”

“当然知道，”哈里森慢条斯理地说，“不过，如果我捡了那个1角的，恐怕他们就再也不会扔钱给我了。”

愚、拙、屈、讷都给人以消极、低下、委屈、无能的感觉，完全是一副弱者的姿态，使人难以产生良好的第一印象，进而放弃戒备或者与之竞争的心理，或对他加以轻视和忽视。但愚、拙、屈、讷有时却只是为了迷惑外界而特意制造的假象，目的正是减少外界的压力，松懈对方的警惕，或使对方降低对自己的要求。

塔克文是古罗马王政时代最后一任国王，他残暴地杀害了布鲁图斯的父亲和哥哥。布鲁图斯伪装成傻子才得以幸免。

布鲁图斯装傻装得逼真极了，以至于国王认为他可以作为笑料被留在宫中任意行走。国王也经常把他当作开心的玩物。

罗马有个美女圣瑟雷提亚，虽然她已嫁人，却被国王抢进皇宫，但她拒不从命，为了贞洁和自由而自杀了。

这时，布鲁图斯借这个机会找到这位美女的丈夫和父亲，要他们发誓为她报仇。布鲁图斯得道多助，一改往日傻子的形象，用慷慨激昂的演说动员起罗马人民，又赢得了军队的支持，终于推翻并放逐了塔克文，结束了罗马的专制时代，建立了罗马共和国。

像布鲁图斯这种甘为愚钝、甘为弱者的方法实际是一种高明手段，目的是使自己不露真相，从而达到麻痹和迷惑对手，以获取最后成功的机会。

第二十八计　上屋抽梯

此计是说敌人受我之唆，犹如贪吃抢食，见利而受骗，陷入死地。也就是说，贪图不应得的利益，必招来后患。

“上屋抽梯”之计是故意露出破绽，诱使敌人前进进而深入之后，将其先头部队与后卫部队之间的联系截断，把敌人全军置于死地，使其陷入灭亡的痛苦之境，却又无计可施。所谓引诱，就是以利益诱导对方。如果只以小利引诱，就非要讲求方法不可，否则敌人会踌躇不前。因此，可先把“梯子”装好，而且表示出非常好的样子，使敌人毫不担心。

原文

假之以便①，唆②之使前，断其援应，陷之死地③。遇毒，位不当也④。

注释

①假：借给。便：便利。

②唆：唆使，这里引申为诱使。

③死地：中国古代兵法用语，是一种进亦无路，退也不能，

不经过死战难以生存之地。

④遇毒，位不当也：原意是古人认为抢吃腊肉会中毒。这里比喻贪求不应得的利益，必招致祸患。运用于军事上，即指因贪图小利而盲目进军，会有很大的危险，硬要强行进军，必将陷于死地。

译文

故意露出破绽并给予方便条件，引诱敌人深入我方，然后截断敌人的先头和后卫部队间的联系与粮草供应，使之全部陷入死地，遭到覆灭，那是由于敌人贪图利益而招致的祸患。

按语

唆者，利使之也。利使之而不先为之便，或犹且不行。故抽梯之局，须先置梯，或示之以梯。如：慕容垂、姚苌诸人怂秦苻坚侵晋，以乘机自起。(《晋书·苻坚传》)

谋略精解

“上屋抽梯”原意指巧设梯子，引诱对方登梯上房，然后抽走梯子，断其后路，使之进退两难，无法逃脱，只得屈服，任我摆布。

要“上屋抽梯”，先得“置梯”诱敌，故意露出一些破绽，给对手提供便利，然后截断其后援及接应，使之陷入孤立无援的境地后加以处置。这是此计的全旨所在。

此计用在军事上，是利用小计诱惑敌人，然后截住其援兵，以便将敌围歼的谋略。这种诱敌之计，自有其高明之处。敌人一般不是那么容易上当的，所以，要先想方设法为其安放好方便的“梯子”，等敌人一“上屋”，进入自己已布好的“口袋”之后，即可马上拆掉“梯子”，将其控制。

一般来说，容易诱骗的对象有四种：一是贪而不知其害者；二是愚而不知其变者；三是急躁而盲动者；四是情骄而轻敌者。而安放梯子，也有很大的学问。对生性贪婪之敌，可以利诱之；对情骄之敌，可以示己方之弱惑之；对莽撞无谋之敌，可设下圈套使其中计。总之，要根据敌人的具体情况，巧妙地安置梯子。既不能招致敌人的猜疑，也要让敌人清楚而容易地看到梯子。

同样，在运用本计谋时，“抽梯”也要讲究技巧，要迅速快捷，要根据不同的情况采用不同的抽法，或真或假，或快或慢，或缓或急，或明或暗。至于最后采用哪种抽法，要依当时的客观形势而定，切勿主观臆断、生搬硬套，让计谋无法顺利实施。

兵家活用

“上屋抽梯”，很关键的一点在于“置梯诱人上屋”。敌我双方交战，如不能巧妙运用假象蒙蔽对方，使其放松警惕，是很难得手的。曹玮智破西夏兵，就是成功一例。

北宋初年，西夏人时常侵犯边疆。

一次，西夏军队又来扰。渭州知州曹玮领兵出战，打退了敌人。看到西夏兵逃远了，曹玮便命令手下士兵赶着敌人丢下的牛羊，抬着敌人丢下的辎重慢慢地往营地走。西夏军队在逃出几十里后，从探马处得到了有关宋兵的报告。西夏主帅随即认为曹玮贪图财物，队伍涣散，行动缓慢，便率兵掉头袭击宋兵，企图大获全胜。

曹玮听说西夏人如他所料又折回来了，便命令部队仍缓慢行进。部下很担心地劝告说：“把牛羊和辎重丢下吧，带着这些累赘，部队行动不灵活，必遭对方反攻。”曹玮对这种劝告毫不理睬，一直走到一个地形对自己军队有利的地方，才让部队停下休息，等待敌人的到来。

等西夏军队快逼近的时候，曹玮派人通知西夏主帅：“你们远道而来一定很疲劳，我们不会乘人之危。请你们的人马先好好休息，然后咱们再开战。”西夏人此时已经筋疲力尽，听到曹玮说这话便异常兴奋，纷纷坐下来休息。过了好久，双方再次击鼓交战，结果曹玮的军队毫不费力地就把西夏人打得狼狈逃窜。

事后，曹玮的部下对这次战斗的轻易取胜都感到难以理解。曹玮解释说：“我让大家赶着牛羊，抬着辎重，装出队伍松散的样子，就是为了诱骗敌人，把他们再引回来。敌人走了很远再折回来袭击我们，这中间差不多要走一百里地。如果我们马上开战，他们虽然很疲惫，但士气仍旺，战局的胜负就很难确定。而我先让他们休息，就是因为我知道，走远路的人一旦停下来休息，就会腿脚肿痛，精神涣散，失去了战斗力。我就是用这种‘上屋抽梯’的办法打败西夏人的。”

处世活用

魏朝、王安是引荐魏忠贤入宫的恩人。王安是一个正直的太监，曾是明光宗朱常洛的伴读。光宗即位，提升他为司礼监秉笔太监。魏朝是王安手下的太监，帮助王安办理宫中事务，是王安的得力助手。无赖之徒魏忠贤 13 岁自阉入宫时，不过是一个干杂役的太监，后来，他通过巴结魏朝，与其结成把兄弟，在魏朝、王安的极力荐举下，才被提升为司礼监秉笔太监。魏忠贤步步高升，野心也愈来愈大，魏朝、王安成了他不可逾越的障碍。为了向上爬，他和客氏密谋策划除掉二人。

魏忠贤首先采用上屋抽梯、过河拆桥的策略赶跑魏朝。当时魏朝正受到熹宗重用，掌管兵仗权，是个有实权的人物。客氏和魏忠贤勾结一起，在熹宗面前说魏朝的坏话。熹宗一怒之下勒令魏朝出宫。为了免除后患，魏忠贤开始用秉笔太监的特殊地位，假传圣旨把魏朝发配到凤阳，并暗中密令亲信在半路上把他勒死。

除掉魏朝后，他把打击矛头对准了王安。王安在宫廷斗争中支持东林党人，对熹宗有救命之恩，并扶助了熹宗登基。天启元年（1621 年）五月，熹宗封王安为司礼监掌印太监，位在秉笔太监之上，掌管全监事务。魏忠贤深知王安资格老又有骨气，对自己很不利，为除掉他，魏忠贤与客氏策划了一个毒辣的阴谋。王安得到提升后，按惯例要上疏表示辞谢，这不过是走走过场。可是，魏、客利用这个时机，向熹宗挑拨离间，说："王安仗着资格老，自恃对皇上有大功，越来越目无皇上了。"熹宗听了很生气，第二天上朝时，便批准了王安的辞表。

为了免除后患，魏忠贤唆使兵科给事中霍维华诬告王安，说王安在先前的"移宫案"中，查处田诏、刘朝盗窃宫中珍宝是冤案；又怂恿田诏、刘朝上疏熹宗，声称冤枉。客氏也紧密配合，在熹宗面前，添油加醋，说王安的坏话。熹宗一怒之下把王安赶到南海子打更。魏忠贤派刘朝任南海子提督。刘朝心领神会，立即囚禁王安，断绝其饮食，企图饿死他。此计不成，便按照魏忠贤的密令，派人将王安杀死，回奏熹宗时，谎称是畏罪自杀而了事。魏忠贤恩将仇报，以厚黑手段，顺利地夺取了宫中大权，为称霸宫中、弄权朝廷打下了基础。

第二十九计　树上开花

“树上开花”在军事上是指借用其他军队的局面布成有利的阵形，即使弱小的兵力，也可以被看成是强大的阵容。就像飞翔在高空上美丽的雁队一样，两翼伸展开来，显得非常壮观。

把漂亮的人造花装饰在树枝上的话，粗心的人是不会注意到的，以巧妙逼真的手法，配合整体的运作，使美丽的花瓣从树枝上飘落在地面的情景大放异彩。把精锐的部队配置在友军的阵地里，借着友军优势的配备，也足以威吓敌人。

原文

借局布势[①]，力小势大[②]。鸿渐于阿，其羽可用为仪也[③]。

注释

①借局布势：借助某种局诈的办法，布成一定的阵势。局，局面，此处指局诈；势，阵势。

②力小势大：兵力弱小，但声势造得很大，也可使阵势显出强大的样子。力，力量，用在这里指军队的兵力。势，声势。

③鸿渐于阿，其羽可用为仪也：大雁在高空的云路上渐渐飞行，那美丽丰满的羽毛，让它显得更加雄姿英发，这是值得人们效仿的。鸿，大雁；渐，渐进；阿，山陵，这里指天际的云路。

译文

借别人局面布成有利的阵势，虽然兵力弱小，但阵容却显得强大。鸿雁高飞，横空列阵，全凭羽毛丰满的双翼助长气势。

按语

此树本无花，而树则可以有花，剪彩贴之，不细察者不易觉。使花与树交相辉映，而成玲珑全局也。此盖布精兵于友军之阵，完其势以威敌也。（佚名）

谋略精解

“树上开花”，是从“铁树开花”转化而来的。铁树，常绿乔木，原产热带，不常开花，尤其在移植到北方后，往往多年才开一次花。因此，此说法比喻事情非常罕见或极难成功。

“树上开花”作为一种计谋，来自古代战例，是指借助某种外在力量对敌人进行慑服。这就像某树上本无花，却可以把彩色的绸绢剪成花朵贴在树枝上，人为地使它有花开在其上，从而制造出逼真完美的效果。如果不仔细看，是辨不出真假的。

因此，“树上开花”之计可以理解为以下几种含义。

一是借树开花。借助别人的树因利乘便，开花结果。之所以要借树开花，主要是因为自家的树还太弱小，无法开花。

二是借鸡生蛋。借用别人的力量，可以在不增加自己投入的情况下，实现自己原本不能实现的目的。

三是狐假虎威。自己的力量比较弱小，但还想吓唬或迷惑对方，于是可以千方百计地假装出强大的气势，让本来并不强大的力量，在对方面前显现出非常强大的气势。

四是虚张声势。此计所造成的气势，其实只是一种虚假的力量。作为一种虚幻的假象，它不会对敌人产生真正的威胁，但足可以起到让敌人在心理上受到威慑的效果。

五是巧妙伪装。运用本计策的一方必须伪装得完整逼真，不露出半点破绽，否则，最后结局最惨的必然是自己。

由此可见，此计推及具体的军事运用上，一方面可以将精锐力量布置到友军的阵地上，给原本虚弱的友军人为地制造强大的表面声势；一方面则可在自己力量尚小之时，借友军的势力或借某种因素制造假象，让自己的阵营看起来强大。

也就是说，此计主张善于借助各种外在因素来为自己助势，从而造成敌人在判断上的失误，让其不敢贸然来战，并以此从心理上慑服敌人。

兵家活用

三国时期，曹操领兵分八路进攻樊城。为保城中百姓，刘备只得弃城出走，曹操率大军紧追其后。

乱军之中，赵子龙单骑救出幼主阿斗，直穿曹兵重围，砍倒曹军大旗两面，夺槊三条，前后枪刺剑砍，杀死曹营名将五十余员，离开大陈，往长坂桥而走。忽听后面又喊声大起，原来是曹将文聘引军赶来。

赵云来到桥边，已是人困马乏。始见张飞挺矛立于桥上，赵云大呼："翼德快快救我！"

张飞高呼："子龙快走，追兵由我对付。"

原来，张飞为接应赵云，带领二十余骑，来到长坂桥。张飞见曹军成千上万的兵马杀将过来，他心生一计，命所有兵士到桥东的树林内砍下树枝，拴在马尾巴上，然后策马在树林内往来驰骋，冲起尘土，使人以为有重兵埋伏。而张飞则亲自横矛立马于桥上，向西而望。

曹将文聘带领大军追赵云到长坂桥，只见张飞倒竖虎须，圆睁环眼，手持蛇矛，立马桥上。又见桥东树林之后，尘土大起，疑有伏兵，便勒住马，不敢近前。不一会儿，曹仁、李典、张辽、许褚都来到长坂桥，见张飞怒目横矛，立马于桥上，都恐怕是诸葛亮用计，谁也不敢向前，只好扎住阵脚，一字排在桥头，派人向后军飞报曹操。

曹操得到报告，赶紧催马由后军来到桥头。张飞站于桥上，隐隐约约见后军有青罗伞盖、仪仗旌旗来到，料到是曹操疑心，亲自来阵前查看。

张飞等得心急，大声喝道："我乃燕人张翼德，谁敢来与我决一死战！"声音犹如炸雷一般，吓得曹兵两腿发抖。

曹操赶紧命左右撤去伞盖，环视左右将领，说："我以前曾听关云长说过，张飞能于百万军中取上将头颅如在囊中取物那么容易。今天遇见，大家千千万万不可轻敌。"

曹操话音刚落，张飞又圆睁双目大声喊起来："燕人张翼德在此，谁敢来决一死战！"

曹操见张飞如此气概，自己已是心虚，准备退军。

张飞看到曹操后军阵脚移动，又在桥上大声猛喝道："战又不战，退又不退，却是何故？"喊声未绝，曹操身边一员大将夏侯杰惊得胆肝碎裂，从马上栽到地下，身亡而死。曹操赶紧掉转马头，回身便跑。

于是，曹军众将一起往西奔逃而去。一时弃枪丢盔者不计其数，人如潮涌，马似山崩，自相践踏。

张飞见曹军一拥而退，不敢追赶，急忙唤回骑兵，解去马尾树枝，毁断长坂桥，回营交令去了。

张飞这员猛将，临危不惧，巧妙地运用“树上开花”之计，以少胜多，击退了曹兵，取得了胜利。

处世活用

天下熙熙攘攘，皆为名来利往。名利二字，从来就和人纠缠不清，牵扯不尽。古往今来，有大智慧的人都善于经营“名利”二字。自古军队出师要有名，如果无名出师，虽劳师动众，也必定无功而返。

孟子云：“得道者多助，失道者寡助。”而要得道，必先得“名”，就是要有个好名义，好名头。

因此，要做一番事业，有心的人都善于在“名”上下功夫。已有“名”者大张旗鼓；本无“名”者想尽办法也要借一个“名”头来，然后便可名正言顺地向事业挺进。

一位出版商有一批滞销很久的书。一日，他异想天开，想出了一个绝妙的主意。于是他想办法给总统送去一本书，并多次向他征询意见。忙于国家大事的总统实在不愿意被他纠缠，便回了一句：“这本书不错。”

这位出版商如获至宝，于是大肆宣传：“现在总统喜欢的书出销。”于是这些书很快被售空了。

没过多久，这个出版商又有一批书卖不出去，和上次一样，他又送了一本给总统。总统上过一回当，想奚落他，于是就说：“这本书真是太差了。”出版商灵机一动，又宣传道：“现在总统讨厌的书出销。”一下子激起了人们的好奇心，很快这些书又被抢购一空。

第三次，出版商再次将书送给总统。总统吸取了前两次的教训，便不再答复他。这并没有难倒出版商，他又继续大肆宣传：

“现有一批令总统难以下结论的书，欲购从速。”和前两次一样，这些书又被抢购一空。

这位出版商巧借总统名气树上开花，让其书的名气也大增，从而达到自己想要的目的。

第三十计　反客为主

“反客为主”之计就是说遇有空隙，立即乘机利用，掌握其要害部位。运用此计时，巧妙地顺势渐进极为重要。

原文

乘隙插足，扼其主机[①]，渐之进也[②]。

注释

①主机：筹谋划策、发号施令、掌握大权的关键之处、首脑机关。

②渐之进也：天下的事情凡是行动盲目而急躁，就会误入邪途；凡是冷静而顺乎客观规律，就会步入正道。一步步循序渐进，达到显要的位置，就是行而有功的道理。渐，徐徐而进。

译文

乘着有空隙就要插足进去，掌握它的首脑机关，循序渐进地达到自己的目的。

按语

为人驱使者为奴，为人尊处者为客，不能立足者为暂客，能立足者为久客，客久而不能主事者为贱客，能主事则可渐握机要，而为主矣。故反客为主之局：第一步须争客位，第二步须乘隙，第三步须插足，第四足须握机，第五乃成为主。为主，则并人之军矣，此渐进之阴谋也。如李渊书尊李密，密卒以败；汉高视势未敌项羽之先，卑事项羽，使其见信，而渐以侵其势，至垓下一役，一举亡之。（《隋书·李密》《史记·汉高祖》）

谋略精解

“反客为主”的原意是，主人不善于待客，反而受客人招待。客有多种——暂客、久客、贱客，这些都还是真正的“客”，可是一旦渐渐掌握了机要，就会变客为主了。古语中将这个过程分为五个步骤：争客位，乘隙，插足，握机，成功。此过程就是变被动为主动，将主动权逐步地掌握到自己手中来。

要理解此计，可以从以下几方面进行把握。

一是先发制人，变被动为主动。当我们处于被动局势或自身力量弱小时，可以积极采取率先发动进攻的办法来争取主动。在军事上，一般表现为“先发制人，后发制于人”，只有先下手，压制住对手，才能有效转变被动局面。

二是转攻为守，让对方变主动为被动。首先发动进攻，深入对方阵前挑起事端的为“客”；而在自己的阵地上进行防御的则为“主”。做“客”的远道而来，不仅会因长途跋涉而疲惫不堪，还会因远离根据地而难以供应物资。而为“主”的一方则以逸待劳，“饱有余”。如果我们是“客”方，为了改变这种不利的局面，就要变客为主。其方法是引诱敌人来向我进攻，而我们则转攻为守。如此，既达到了同敌人交战的目的，又能将有利的条件留给我们自己，将不利的条件转嫁给对方。总之，转攻为守，不仅具有了选择地利的主动权，也增加了战胜敌人的有利因素。

三是喧宾夺主，取代主人位置。喧宾夺主即大声说话的客人抢占了主人的位置，后用来比喻外来的占据了原有的事物位置。其含义就是主张在有机可乘的时候，先插进一只脚，然后慢慢地用力把对方挤出去，而后取而代之，成为主人。

四是兼并盟军，为己所有。一般指借着援助盟军的时机，打入盟军内部，等站稳脚跟后，再慢慢地支配并控制盟军，做到步步为营，最后顺手把大权夺取过来，即逐步蚕食，循序渐进。

因此，军事上的“反客为主”，一般来说就是寻找敌人防御上的漏洞，趁机插入其腹地而攻其要害，控制敌方的指挥系统、首脑机关或要害部位，利用有利时机，变被动为主动，尽可能地掌握战争的主动权，达到兼并或者控制他人的目的。

兵家活用

战争中，“反客为主”经常用在以弱对强的局势下，而结局最终又往往是以弱胜强。一开始，弱方都处于被动的地位，而摆脱危险最重要的就是要转被动为主动，争取主动，这是用兵的最高原则。

1973 年 9 月，第四次中东战争前夕，一支以色列装甲旅在数倍于己的叙利亚装甲部队面前苦苦支撑着。虽然以色列坦克手个个技术精湛，但是经过几个小时的疲劳战斗，以军也已经渐渐抵挡不住了。

“旅长，咱们还是赶快撤退吧，不然非要全军覆没不可。”听到参谋们的建议，以军旅长看看仅存的 30 辆坦克，心中不禁一阵凄凉：“全旅近百辆坦克现在已经损失大半，难道我们今天真要葬身在这茫茫戈壁之中吗？”想到这里，他透过车内的望远镜向外侦察敌情，想提前选择一条撤退的路线。

这一看，让他不禁倒吸了口凉气：叙军200辆后续坦克，正不声不响地从四面八方开过来，形成了对自己的包围之势。“燃眉之际，更要冷静。”年轻的旅长在心中默默地告诫自己。于是，他闭上眼睛开始专心思考如何突围。“叙军数倍于我，无论在任何方向上我军都难以形成优势兵力，况且已激战半日，我军燃油、弹药的消耗都非常大，即使侥幸冲出包围圈，也会跑不多远就被叙军追上。看来当务之急是坚守自保，然后再伺机突围。”

战略敲定之后，以军旅长开始考虑细节的实施。敌众我寡，以常规方法恪守肯定是行不通的，唯有新战法才能出奇制胜。以军旅长突然灵机一动，想出了一个叙利亚人没有见识过的怪招。他平静地睁开双眼，眼神中充满了自信与激动。

叙利亚军队此时已缩小了包围圈，并架起扩音器，向以军喊话，敦促以军早点投降。以军官兵对叙军的举动根本不屑一顾。他们在旅长的指挥下，忙着排兵布阵，摆出一副奉陪到底的架势。叙军看到劝降没有效果，便火速开动坦克向以军进攻。这时，以军已将所有的坦克缩成了一个圆圈，并把火炮一律朝外，对准从四周开来的叙军坦克猛烈开火，一时间形成了一道严密的装甲防护圈和火力网。

而以军的这种防守并非消极的静态防御。当叙军压迫靠近时，以军就缩小防护圈，集中火力以防叙军突破；而当叙军退后时，以军又快速出击，贴近目标猛攻对手。叙军从未见过此种战法，一时间，想不出任何破解的方法。

就这样，以军虽然看似已经是叙军的“囊中之物”，但却犹如一只拼命反抗的刺猬，让叙军无从下口。正在叙军指挥官束手无策的时候，战报传来，又有130辆坦克被以军击毁，吓得叙军指挥官慌忙下令后撤。

黄昏临近，趁着短暂的战斗间隙，双方都忙碌起来。以军忙着补充燃油、弹药等各种物资，而叙军也调来重兵，并研究出了临时对付以军的战术。

第二天，休整了一夜的以军率先发起了进攻。叙军成竹在胸，集中重兵在一个方向上，想着一旦以军故伎重演，便全力突入圆阵将其制服。谁知，以军看叙军改变了平均用力的阵势，也随机应变地集中全部兵力如饿虎扑食般扑向叙军的薄弱环节，一举突出了重围。而此时，叙军主力调动不及，唯有望尘莫及了。

至此，本来处于弱势的以军却成功地在指挥官的得力奇术——“反客为主”的指引下，反败为胜，变被动为主动，最终顺利脱逃。

处世活用

隋炀帝大业三年（607 年）秋，李渊（后来的唐高祖）连结突厥，率兵 3 万从太原出发，打着尊立代王的旗号，兴起义师，向关中进发。

不料当大队人马行至贾湖堡处时，遇大雨滂沱，不能行军，只得暂时驻扎下来。这时，李渊忽然接到军报，称魏公李密领数十万百姓，历数隋炀帝的十大罪恶，并布告天下，起兵反隋。

李渊得知这一消息后，不禁大吃一惊，便急忙与儿子李世民商量对策。世民说道：“李密兵多势大，不宜与之对敌。不如暂且假意与他联络，也可使我军免除后顾之忧。”李渊应允了世民的献策，随即命人给李密写信，希望与之结成同盟，共图大事。

信送出去不久，便收到了李密的回信。李密在信中言词十分傲慢，虽然表示愿意结为同盟，但自称是盟主，并要李渊亲自去河内与其缔结盟约。

李渊父子二人看了李密的回信，很是愤愤不平。但李渊转念一想，迫于势力悬殊，还是忍让为好，便又对李世民说道：“李密狂妄自大，即便订了盟约也未必会实行。如今我们正进军关中，如果断然拒绝结盟，与他绝交，结果只会又增加一个敌人，对我们不利。倒不如忍让一时，先以谦卑之词对他大加赞赏，让他更加志气骄盈，以安住他的心。这样既可以利用他为我军堵住河洛一线，牵制住隋军，又可以使我军专意西征。此计岂不是两全其美？日后，待我军平定关中后，便可‘据险养威’，看着他与隋军鹬蚌相争，让我军坐收渔人之利，这样岂不更好？”

李世民非常赞成父亲的用计，于是再让人给李密写信，大意是：“现在天下大乱，亟须有统一之主。您李密德高望重，统一之主自然非您莫属。我李渊年事已高，对您诚心拥戴。只希望您登位之后依然封我为唐王，我定感激不尽。”

李密收到李渊的回信，心里十分高兴，于是满口答应了李渊的要求。这样，李渊便免除了后顾之忧，挥军西进了。一路上，李渊攻霍邑、临汾，直取长安，并把13岁的代王杨侑拥立为皇帝，改元易年。第二年，隋炀帝被弑，李渊又逼迫代王杨侑退位，自立为帝，世称唐高祖。

且说李密自与李渊结盟后，率兵东进，所到之处，攻城略地，节节胜利。除东都一地被隋将王世充坚守受阻外，其余如永安、义阳、弋阳、齐郡等地以及赵魏以南、江淮以北揭竿诸军都望风归附。随后，李密继续强攻东都，与王世充进行决战。

此时，唐高祖李渊也派李世民、李建成领兵来到东都，名义上为援兵，实际上是来争地盘的。李世民和李建成派兵从中阻挠李密的进攻，以致东都久攻不下。

李密踌躇满志，决心攻下东都自立为王，最后却因他骄傲自大，刚愎自用，不听贾润甫、裴仁基与魏徵等人的忠言劝告，两次中了王世充的诡计。东都城下之战，李密大败。无奈之下，数十万大军只剩下两万人马跟随李密惶惶退入关内投奔唐王李渊。

此时的李密还料想，李渊会念昔日结盟之情和灭隋之功，给自己封以台阁之位，说不定有朝一日，自己还能东山再起。可谁料，这时已“反客为主”的唐主李渊却点封了他一个光禄卿的闲职，另外还赐了一个邢国公的空头爵号，这让李密大失所望，满腹怨言。

且说李密降唐以后未得重用，心中很是不满。这一切李渊心中都有数，他表面上假装格外关怀李密，称李密为弟弟，并把舅女独孤氏嫁给李密为妻，也是想尽可能稳住他的心。如此，李渊的“反客为主”才得以成功实施。

第三十一计　美人计

对强大的敌人，不利于采取攻势，而利于采取守势。采取守势的目的是利用敌人的弱点，投其所好，对敌人进行渗透和瓦解，消磨其意志，以争取达到彻底战胜他的目的。对自己的阵营，要特别强调团结一致，还要保存和发展实力，使自己由弱变强，转败为胜。

原文

兵强者，攻其将；将智者，伐其情①。将弱兵颓，其势自萎。利用御寇，顺相保也②。

注释

①将智者：足智多谋的将帅；伐其情：从感情上加以进攻和软化，抓住对方思想意志的弱点加以攻击。

②利用御寇，顺相保也：此计可利于抵御敌人，将其瓦解，进而顺利地保全自己。御，抵御；寇，敌人；顺，顺势，顺利；保，保存，保全。

译文

对付兵力强大的敌人，就要以主要精力对付他的将帅；对付有智谋的将帅，就要设法找其弱点挫败他们的意志。将帅斗志衰弱，部队士气消沉，他们的势力必定自行萎缩。利用敌人的弱点，加以操纵推演，可以扭转局势而保全自己。

按语

兵强将智，不可以敌，势必事之。事之以土地，以增其势，如六国之事秦，策之最下者也。事之以币帛，以增其富，如宋之事辽金，策之下者也。惟事之以美人，以佚其志，以弱其体，以增其下之怨。如勾践以西施、重宝取悦夫差，乃可转败为胜。（佚名）

谋略精解

“美人计”，原意是指用女色诱惑敌人，用美人对付敌人。有人为了得一美人，不惜牺牲金钱、地位乃至道德、法律和原则。因此，美人计很早就被兵家利用，成为胜敌的一个重要策略。

“美人计”用在战争中，作为达到军事目的的一种辅助手段，绝非对谁都有效。此计通常在行为放荡者身上更有奇效，中计者也往往是那些好色之徒。虽然“美人计”是腐朽之计，但作为计谋，却总是能屡屡见效。

而对于用军事行动难以征服的敌方，尤其是对敌方的主帅，要用情感作为糖衣炮弹去消磨其意志，使敌人贪图安逸享受，丧失战斗力，从而趁机取胜。而这一计策，不能只从字面上理解，而应理解为可以凭借任何敌人信赖的人、物或事，来左右敌方，使其精神涣散，意志消退。总之，这是一种以柔克刚的损敌谋略。

在使用“美人计”时，应注意以下几个问题。

一是要依照对方的喜好，巧妙物色“美人”。人的喜好不同，我们施计时需要着手的方向也就不同。要充分依据对方的具体好恶，选择他乐于接受的“美”。美人计中所用的“美人”，只有在当对方能欣然接受之时，才会产生预期的巨大威力。

二是要巧设迷魂阵，引敌入圈套。想让“美人”被对方接受，我们所侍奉的方式也很关键。如果方式灵活、巧妙，一切都做得顺理成章、天衣无缝、不着痕迹，敌人便不会产生疑惑，必然会放心大胆地接受。

三是“美人”只是克敌制胜的工具，却无法决定成败。“美人计”一般作为达到最终目的的辅助手段，它的主要目标是摧毁对方的精神壁垒。要想彻底歼灭敌人，常常还要依靠武力决战。所以，在施用“美人计”的时候，还要积极创造或寻找时机发动武力进攻，进行配合，切不可侥幸依靠此一计谋便想获取胜利。

兵家活用

汉献帝时，朝政被董卓控制，王允十分担心朝廷难保，因此必须想法除掉董卓。不过董卓当时的势力十分强大，且其身边还有个骁勇善战的义子吕布。因此，要想除掉董卓，先除吕布当是上策；而若能令吕布反戈一击，除掉董卓，那就是最好的计谋了。

一日，王允邀吕布至家中，极力讨好他，对他表示钦慕之情，并赠给他宝冠，在宴饮时又让养女貂蝉出来劝酒。吕布一见貂蝉美貌，以为是仙女下凡。王允见机立即提出要把貂蝉许配给吕布，吕布大喜，兴冲冲地回去准备成亲。

紧接着王允又把董卓请到自己家中喝酒。酒酣之时，王允叫貂蝉出来献舞。貂蝉的美貌使得董卓不禁对其垂涎三尺。王允见时机已到，就主动提出要把貂蝉献给董卓，董卓感激不尽，当夜就用车将貂蝉带回了相府。

吕布听说此事，立刻去责问王允。王允说："太师已知我将小女许配于你，他说今天正是良宵，要带回府去许配给你，我哪里敢不允许呢？"吕布听了，无话可说，只好回到家中等待，等了一夜，也不见董卓送貂蝉来。第二天一早，他就气冲冲地直奔相府。

貂蝉正在窗下梳头，远远见了吕布，忙用罗帕掩面，假装哭泣。吕布见了心如刀割，但又怕惊醒了董卓，只好退下。过了几天，吕布听说董卓生病，便入相府探望，貂蝉从帘后探出半个身子，望着吕布，用手指心，又指董卓，再转过脸去，连连抹泪。吕布失魂落魄，傻傻地望着貂蝉，刚好这时董卓醒来，以为吕布调戏貂蝉，对其大骂。

又过了几天，吕布保护董卓上朝议事，群臣散后，献帝独留下董卓密谈，吕布见有机可乘，便急忙跑到董卓的相府，想找貂蝉问个明白。二人来到凤仪亭边，貂蝉像见了亲人般开始哭泣，说自己想嫁个英雄少年，没想到……

吕布心知董卓会寻到这里，见貂蝉梨花带雨，却不忍离开。果然，董卓见吕布不在，很快就寻了过来。这时，貂蝉故意连拉带扯，装作要挣脱吕布跳水的样子。董卓远远看见，便急追而去，提起吕布放在一旁的画戟，奋力掷向吕布，被吕布一挡，掉在地上。

貂蝉见了董卓，连哭带喊，说吕布强行调戏，自己要投水自尽，幸亏太师赶来相救，说罢还要拔剑自刎。董卓听信了貂蝉的话，便想杀了吕布。

不几日，在为董卓送行的时候，王允见到了吕布，便邀吕布到家中喝酒。吕布把凤仪亭之事说了一遍，王允愤怒地说："辱我的女儿，夺将军之妻，真是将军的奇耻大辱！我已是老迈无能之辈，可将军乃盖世英雄，也甘受这等侮辱？"吕布听了，越发气愤，发誓要杀掉董卓。

王允见他决心已定，于是详细计划，与朝中许多人联络，并派董卓的心腹之人李肃前去见董卓，诈称献帝要禅让帝位，骗董卓前来长安。董卓深信不疑，在上朝时，被王允手下埋伏的武士冲过来刺伤。这时董卓急忙呼喊："吾儿奉先快来！"吕布转到董卓车后，不仅不帮董卓，反倒一戟结果了董卓，董卓一世英雄，最终死于司徒王允的美人计之下。

不是董卓没有分析判断的能力，而是他一心只想当皇帝，又贪恋貂蝉的美貌，自然看不见杀身之祸。

处世活用

春秋末期，越王勾践被吴王夫差打败，而自囚于会稽山，屈辱求和。但勾践每日卧薪尝胆，不忘会稽之耻，同时向吴王夫差献美女西施，一方面为了使吴王沉湎于女色，另一方面为了消解吴王的警戒心。

相传，西施生于越国偏远的苎萝村内，因为出生在村子的西端，故名"西施"。西施每天早上挑柴出卖，而傍晚对分就到溪边洗衣。

西施虽然衣饰朴素，可是天生丽质，耀阳照垢面，仍然明眸逼人，艳光四射。"谁怜越女颜如玉，贫贱江头自浣纱""乱头粗服绝天姿，何物老媪生国色"都是赞美西施的诗。

吴王夫差本是一代情豪，难免沉湎女色，越王勾践的大臣范蠡看出了他这个弱点，于是又物色了另一个娇艳的美人郑旦，和西施同赴吴国服侍夫差。吴王的臣下伍子胥一再劝谏，然而忠言逆耳，始终不为夫差采纳，夫差最后将他处死。吴王得了两位美女之后，不惜物力、财力，日夜赶工营造壮丽的宫殿与可容数千宫女的姑苏台，日夜笙歌曼舞，宛如人间仙境。从李白的诗中，可见其景：

风动荷花水殿香，姑苏台上宴吴王；

西施醉舞娇无力，笑倚东窗白玉床。

突然战鼓一声，越军杀到，吴王三战皆败。吴王最后登上姑苏台跪地请和，但被范蠡拒绝。他至此才明白自己中了“美人计”，后悔不迭，最终在众叛亲离之下，自杀身亡。

第三十二计　空城计

“空城计”采用的是一种心理战术。在己方无力守城的情况下，故意向敌人暴露我方城内空虚。这是所谓的“虚者虚之”。古人用兵，讲究的是“虚者实之，实者虚之”的逆反用计。

原文

虚者虚之[1]，疑中生疑[2]；刚柔之际[3]，奇而复奇[4]。

注释

①虚者虚之：第一个“虚”为名词，意为空虚，与实相对，或指在军事力量上不敌对方；第二个“虚”为动词，使动，意为让它显露虚弱的样子。

②疑中生疑：前一个“疑”指可疑的局势；后一个“疑”指怀疑。

③刚柔之际：敌众我寡、敌弱我强的紧急关头。

④奇而复奇：奇妙之中更显奇妙。

译文

势虚的再显示其虚，使敌人更加难以揣摩；在敌众我寡的紧要关头，运用这种策略，显得神秘莫测。

按语

虚虚实实，兵无常势。虚而示虚，诸葛而后，不乏其人。如吐蕃陷瓜州，王君焕死，河西汹惧。以张守珪为瓜州刺史，领余众，方复筑州城。版榦裁立，敌又暴至。略无守御之具，城中相顾失色，莫有斗志。守珪曰："彼众我寡，又疮痍之后，不可以矢石相持，须以权道制之。"乃于城上置酒作乐，以会将士。敌疑城中有备，不敢攻而退。又如齐祖珽为北徐州刺史，至州，会有陈寇，百姓多反，珽不关城门。守陴者，皆令下城，静坐街巷，禁断行人，鸡犬不乱鸣吠。贼无所见闻，不测所以，或疑人走城空，不设警备。珽复令大叫，鼓噪聒天，贼大惊，顿时走散。（佚名）

谋略精解

"空城计"的实质是说，本来是空虚的再以空虚来表现，就会让人对本来的空虚怀疑不信，反倒以为我们是有实力的。这就好比本来是实在的再以实在来表现，反而会让人不相信他的实在一样。这一计谋既反映了人的心理特征，又富有辩证的意义。

虚虚实实，兵无常势，变化无穷。在敌强我弱之时，最好不要以卵击石，要充分把握对方主帅的心理及性格特征，利用各种办法来迷惑对方。敌方指挥官越是小心、谨慎、多疑，所得的结果就会越好。而"空城计"又是一种危险性极高的计谋，是悬而又悬的险策。若被对方识破，后果将会不堪设想。所以在大多数情况下，它也只能用作缓兵之计。要想真正取胜，最终也还是要凭借真正的实力。

此计谋有以下特点。

一是“虚而虚之”，以便让敌人“疑中生疑”。何为“疑中生疑”呢？一般来说，双方交战，总是要互相隐瞒真实情况，所谓“兵不厌诈”。而对敌方的情况却要反复地进行分析研究，不能完全凭自己的直觉，随便做出判断。这种不轻易相信对方的做法即为“疑”。

而在遇到对方反常用兵的情况时，除了要进行正面的分析外，还有必要进行反面的分析。这就是所谓的“疑中生疑”。心理学上讲，人常常有一种心理定式。当这种定式被打破之后，人们往往会心无定向，惶惶然而不知所措。因此，结局常常是将假象误以为真。

二是“实而虚之”，迷惑敌人，让其中计。本来是强大的、准备充分的，却偏偏装出虚弱无力的样子，让敌人误以为我方兵力空虚而且有隙可乘。“实而虚之”主要有两个目的：积蓄力量，等待时机。为了实现更大或者更远的目标，我方要暂时隐藏起自己的实力和锋芒。这种暂时的遮蔽是为了争取时间，积蓄力量，一旦时机成熟，就发动突然进攻，让对方措手不及，防不胜防，这是其一。再者，在我方兵力强大，并已设好埋伏的情况下，如果希望敌人能够进到我们的包围圈，就要表现出弱小可欺的样子，不让敌人惧而远之。总之，只有让敌人觉得在我们身上有利可图时，才能轻易地将其引诱过来，这是其二。

兵家活用

“空城计”是非常高明的欺诈手段，然而它只能在濒于绝望、灭顶之灾已迫在眉睫，已经无法再用其他计谋去诱惑敌人、麻痹敌人、抑制敌人的形势压迫之下，才可冒险“虚者虚之”，暂时将敌方蒙骗，让其难测己方虚实，以致不敢贸然进攻，从而保全自己，赢得时间。

北宋靖康元年（1126年），金军攻克宋都城汴京（今河南开封），将徽、钦二帝俘虏而去。第二年宋高宗赵构即位，史称南宋。赵构起用主战派将领，收复了汴京，并任命将军宗泽为汴京留守。这一年的冬天，金军再次南下，赵构仓皇逃至扬州，将汴京城留给了宗泽。

金军在迅速占领秦州（今甘肃天水）至青州（今山东中部）一线的许多重镇后，兵临汴京城下。但见城头旌旗猎猎，而城内却毫无战争的景象：做生意的做生意，娶媳妇的娶媳妇，大街小巷，人来人往，一派安详。金军统帅疑心顿起，认为城内有诈，下令暂缓攻城。

原来，金军逼近汴京的消息传至汴京后，汴京上下人心惶惶，宗泽的僚属们也都沉不住气，但又不见宗泽的身影，只好相约去宗泽府邸找宗泽探察虚实。不料，入府一看，宗泽正在跟一位客人下围棋，那种专注神情，仿佛压根儿不知道金人打来一样。众人大惑不解，连连警示宗泽。

宗泽笑道："我们收复汴京后，招募了众多抗金义士，在汴京城外修筑了24座堡垒，沿护城河构筑了坚固的堡垒群，还制造了1200辆决胜战车，足可与金军决一死战。眼下敌军来势汹汹，兵力上又远远超过我们，我们就应该避其锐气，以计谋来迷惑敌人，然后伺机击退他们。敌我尚未短兵相接，诸位就这样慌乱，士兵和百姓们该会怎样想呢？"

众僚属被宗泽说得面红耳赤。

按照宗泽的布置，僚属们一个个领命而去，于是，金军在列阵于汴京城外时，看到了上述反常现象。

金军按兵不动，派出间谍四处侦察，但不待他们把情况摸清楚，到了第 3 天，驻扎在城外的一支宋军在统制官刘衍的率领下，擂响战鼓，冲入了金营。金军没想到宋军竟敢首先发动进攻，急忙上马迎战。这时，城楼上的宗泽一面击鼓劝威，一面向早已埋伏在金军后翼的宋军发出出击信号。金军遭到前后夹击，顿时大乱，抛下大量辎重和沿途掠夺来的财物，落荒向北逃去。自此以后，金军在较长的一段时间里，不敢再犯汴京。

避其锐气，以“空城计”迷惑之，然后再伺机退敌，此计表面上看似太平，其实凶险无比。

处世活用

“空城计”主张在现实生活中，当遇到咄咄逼人的竞争对手时，不妨先让他几个回合。这样，既避开了对方的锐气，也为自己赢得了准备回击的时间。

公元前 209 年，匈奴头曼单于（chányú）的长子冒顿（Mòdú）射杀生身之父，自立为单于。邻国东胡认为冒顿杀父篡位不得人心，可以乘机敲诈冒顿一番。

于是东胡王派出一位使者，趾高气扬地来到了冒顿营中，向冒顿索要头曼单于的千里马。

冒顿虽然年纪不大，但十分有心计。他深知自己刚刚夺得单于大权，还无法与东胡王抗衡，于是便召集群臣，商议此事。大臣都说：“头曼单于的马是我们的宝物，万万不能给他！”

冒顿摆摆手：“我们是邻国，怎能因为一匹马伤了和气？”于是，冒顿痛快地将马交给了东胡使者。东胡使者牵着马，得意扬扬地走了。

没过多久，东胡使者又来了。这一次他索要的是一名冒顿宠爱的妃子。

冒顿于是又召集群臣商议。群臣愤然了，他们大骂东胡王，并请求冒顿出兵讨伐。

“为了一个女子得罪邻国，没那个必要。”冒顿最后又把自己的宠妃送给了东胡王。

东胡王见冒顿要什么给什么，以为冒顿好欺负。于是，他得寸进尺，第三次派使者来到匈奴，向冒顿索要匈奴的一片土地。这片土地处于两国之间，无人居住，长度足有一千里。

“那是一块废弃的土地，无关紧要。”有的大臣说。

“土地是国家的命根子，怎能轻易送给他人！”冒顿当即命令属下把东胡使者绑起来，还把那些说要将土地让人的大臣一并杀掉。然后起倾国之兵，杀向东胡。

自得了宝马、美人之后，东胡王便认为冒顿软弱无能。因此，对匈奴放松了防范。冒顿率大军杀来，东胡王仓促应战，一败而不可收拾。冒顿率兵穷追猛打，杀了东胡王，夺回了宝马、宠妾，还将大批东胡百姓和众多的牲畜掠夺回国。而东胡王贪利忘义，国破身亡，成为后人的笑柄。

在这个历史故事中，冒顿自知敌不过东胡王，便摆出一副言听计从的恭顺样子，从而让东胡王放松了警惕，在毫无防范的情况下被冒顿击败。此例虽不是“空城计”的照搬，却抓住了与政敌进行心理战的精髓，十分值得借鉴。

第三十三计　反间计

此计是说，在布置一个重要的疑阵之后，能使来自敌方内部的间谍归顺于我方，这样我方既可有效地保全自己，又能因增加战斗力而致胜。“间”就是间谍，即刺探情报的人。“反间”就是要设法让敌人的间谍为我所用。

原文

疑中之疑[①]。比之自内，不自失也[②]。

注释

①疑中之疑：在敌方给我方设置的疑阵中再反设一层疑阵。疑，疑心，怀疑，动摇决心，犹豫不决。

②比之自内，不自失也：利用敌人派来的间谍为我服务，我方就可以避免遭受损失。比，辅助，亲比，亲密相依。

译文

在疑阵中，再布置疑阵。顺势利用敌人作为内应，以取得胜利，我方则不受半点损害。

按语

间者，使敌自相疑忌也；反间者，因敌之间而间之也。如燕昭王薨，惠王自为太子时，不快于乐毅。田单乃纵反间曰："乐毅与燕王有隙，畏诛，欲连兵王齐。齐人未附，故且缓攻即墨，以待其事。齐人唯恐他将来，即墨残矣。"惠王闻之，即使骑劫代将，毅遂奔赵。又如周瑜利用曹操间谍，以间其将，亦疑中之疑之局也。（佚名）

谋略精解

"反间计"中的"间"就是间谍，即刺探情报的人。而"反间"，通俗一点说就是巧妙地让敌人的间谍反过来为我所用。原文的大意是说：在疑阵中再布疑阵，让来自敌人内部的间谍归顺于我，使敌方内部自生矛盾，己方就会万无一失，甚至能因增加战斗力而制胜。在战争中，此计的使用频率是比较高的。

要想明白"反间"的作用，首先要了解"间谍"的重要性。

在战争中，为了争取主动权，占据上风，敌对双方都会尽可能地了解与刺探敌方的力量、战术等多方面的情况。所谓知己知彼，百战百胜，的确有它的道理。知己，就是清楚自己的实力和任务；知彼，则是了解敌人的实力与企图。知道自己的情况很简单，可要了解敌人的内部情况很难，敌方的内部情况除了从外围的一些渠道了解之外，还可以通过谍报人员来获取。

除此之外，每一方都只想知道对方情况，而不想让对方过多了解自己的心理，于是，就产生了反谍报的活动。反谍报的一个重要内容就是反间活动，或者"反间计"。

反间的应用分为两种情况：一种是发现了敌人派到我方的间谍，并不揭穿他，而是巧设计谋，诱其上当，这样报告给敌方的情报都是假的，对方就会按我方的意图和计划行事；另一种情况是，揭破敌方的间谍，但并不简单地处置，而是对其劝导收买，让他继续给上级提供情报，当然提供的情报也都是假的。

在运用此计时，要注意以下问题。

一是通俗地讲，反间计就是借敌人自己的手来打他自己的脸。那么，如何巧妙地利用敌人的间谍呢？利用敌人的间谍并非易事，巧妙地利用他们是解决问题的关键。因此，我们要深入了解每个间谍的特点，并根据他的具体喜好给以好处，金钱、权位，抑或美色。只要是他爱的，我们都一一满足。这样，他们就会在利益的诱惑下，忘记自己原本的立场，转而站到对我们有利的一边，被我所用。

二是分散敌人，使其转强为弱。如果我军兵力集中在一处，敌人兵力却分散在十处。这就相当于用十倍于敌的兵力去攻击敌人，这样我军无疑占优势，而敌人就转为了劣势。能够集中优势兵力攻击处在分散劣势的敌人，同我军当面作战的敌人就少了很多。这就是分散敌力的重要意义。

兵家活用

元至正十九年（1359年），明太祖朱元璋率兵攻取了太平府。太平府是个战略要地，陈友谅的部队常来偷袭。

陈友谅原是沔阳的一个渔家子弟，曾当过县狱吏。元末红巾军起义时，陈友谅投奔到徐寿辉门下，因其狡诈有权谋，升为领兵元帅，徐寿辉亦奈何他不得。当时长江以南陈友谅的势力最强大。

常来偷袭太平府的一支军队，是镇守安庆的赵普胜率领的，赵普胜是陈友谅手下得力的大将。赵普胜勇猛善战，人称“双刃赵”。

这年九月，朱元璋的部将俞廷玉率兵攻打安庆，结果被赵普胜打败，俞廷玉也死于狱中。朱元璋的部将徐达、常遇春都觉得赵普胜这个对手很难对付，计划用更多的兵力再去攻打，企图拔去这个眼中钉。

在商讨作战计划时，朱元璋不同意调集更多的部队正面攻打。他说："敌人力量很强，如果硬拼，势必会损兵折将。赵普胜和陈友谅两人，虽然作战勇猛，但都有弱点。赵普胜缺少心计；陈友谅疑心很重，他挟持徐寿辉以号令诸将，内心很担心诸将对他不忠。我们何不针对他们两人的弱点，用离间计除掉赵普胜呢？"

当时，赵普胜有个门客很懂兵法，常为赵普胜出谋划策。于是朱元璋暗里派人与这个门客交往，写信给这个门客，却故意派人把信送给赵普胜。这个门客很聪明，见信被赵普胜拿去，十分惶恐，担心赵普胜会杀了他，干脆一不做二不休，直接投奔朱元璋。朱元璋又将重金赏给这个门客，让他前往陈友谅处说赵普胜的坏话。

赵普胜果然是个糊涂人，对于门客的离去他毫不在意。每次见到陈友谅的使者，总显摆自己的功劳，时时露出有恩于人的神色。使者回去报告给陈友谅，陈友谅十分忌恨，便猜疑赵普胜不再忠于自己了。加上门客不断说赵普胜的坏话，陈友谅起了杀心。

正巧不久前，徐达等攻克潜山，斩杀了陈友谅的参政郭泰。陈友谅便以会师的名义，自江州赶去安庆。赵普胜得知领兵元帅亲自前来，慌忙出迎，在一个叫雁议的地方登上陈友谅的军船。一上船，赵普胜就被一帮卫士绑住，陈友谅二话不说，就下令处斩了赵普胜。

可怜赵普胜至死也不知道陈友谅为什么要杀他。而朱元璋避开了对手的锐气，专攻他们的弱点，结果不费一兵一卒就除掉了心头大患。

处世活用

唐玄宗时，李适之和李林甫两位宰相共同辅助朝政。二人面和心不和，明争暗斗。唐玄宗执政后期耽于酒色，穷奢极欲，国库日见空虚，满朝文武都很着急，日夜谋划开源节流之计。最后，皇上也感觉到了财政威胁，下诏让两位宰相想办法。

形势逼人，二人都很着急。但李林甫装作无意中说出华山藏金的消息，他看到李适之眼睛一亮，知道目的达到了，于是岔开话题说别的。李适之果然中计，连忙回家，洗手磨墨写起奏章来，陈述了一番开采华山金矿以应国库急用的主张。

唐玄宗见到奏章大喜，忙召李林甫来商议定夺。李林甫压住了声音装作神秘地说：“华山有金谁不知？只是这华山是皇家龙脉所在，一旦开矿破了风水，发生国难就惨了。”玄宗听罢点头沉思。那时，风水之说正盛行，认为风水龙脉可福荫子孙，保佑国运。而今听得李适之想出这样的馊主意，玄宗心中当然不高兴。李林甫见有机可乘，忙说：“听人讲，李适之常在背后议论皇上的生活末节，颇有微词，说不定，这个开矿破风水的主意是他有意……”玄宗心烦意乱，拂袖到后宫去了。李林甫见目的达到，心中暗喜。

从此以后，玄宗见了李适之就觉得不顺眼，最后，玄宗找了个过错把他革职，朝廷实权便落在了李林甫的手中。

为人处世中“反间计”甚为狠毒，能不费一兵一卒，避免发生冲突，还能分解对方情况，制定己方对策，甚至可以使敌方不攻自破，自行瓦解，堪称上上之策。

第三十四计　苦肉计

此计指装作自己内部有矛盾，骗取敌人的信任，打入敌方内部离间敌人，或乘机进行间谍活动。

凡是派遣与自己内部有矛盾的人去诱骗敌人，约定里应外合，或约定协作行动的都属于“苦肉计”一类。

原文

人不自害，受害必真。假真真假，间以得行①。童蒙之吉，顺以巽也②。

注释

①人不自害，受害必真。假真真假，间以得行：一般情况下，人是不会进行自我伤害的。如果受害，那必然是真实情况。利用这种常理，我们可以以假作真，以真作假，如此，离间之计便可施行了。

②童蒙之吉，顺以巽也：不懂事的孩子天真幼稚，顺着他的特点逗着他玩耍，就能使他柔顺服从。

译文

一般人是不会自我伤害，遭受伤害必是真情实况；我如能以假作真，并使敌方相信是真而不假，那么，离间计就可以施行了。采用童蒙柔顺的办法欺骗敌人，就是顺应他柔顺的性情达到目的。

按语

间者，使敌人相疑也；反间者，因敌人之疑，而实其疑也。苦肉计者，盖假作自间以间人也。凡遣与己有隙者以诱敌人，约为响应，或约为共力者，皆苦肉计之类也。如郑武公伐胡而先以女妻胡君，并戮关其思（《韩非子·说难》）；韩信下齐而骊生遭烹。（佚名）

谋略精解

“苦肉计”，就是先把自己折磨一番，利用血泪去争取接近敌人，暗地里却用阴谋颠覆敌人。此计的特点是我方为了取信于敌人，进行自我伤害，以假乱真，从而麻痹敌人，赢取胜利。因此，此计其实是一种特殊的用间计，旨在趁机钻入敌人的心脏，骗取敌将的信任，从而实现我方的意图。而此计之所以能成功，原因之一便是“人不自害”，这是人们的一种心理定式。

而施行“苦肉计”时一定要慎重，自我伤害是非常痛苦的事情，成功率也较低。如果敌人铁石心肠或者多谋善断，就更不容易上钩。最后即便是勉强成功了，胜利的果实中也包含了自己太多的血泪，代价太惨重。

因为此计危险性很大，一旦施用时被识破，不但自我伤害之苦要白白忍受，连性命都有可能保不住，落得个弄巧成拙的悲惨结局。因此，非到万不得已，一般不提倡使用这个非常危险的谋略。

在必须运用此计的情况下，也要注意以下问题。

一是利用对方的情感骗取信任。正所谓“恻隐之心，人皆有之”。人是情感动物，因此敌人也会富有同情心。如果我们把自己伤害得异常痛苦、可怜，就会博得对方的同情，取得对方的信任，这是情理之中的事。

二是离间敌人，将其彻底击毁。这是“苦肉计”的第二个步骤，即打入敌人内部后暗中进行离间分化活动，以便达到出奇制胜的效果。这也是实施“苦肉计”的关键一环。

三是自我残害，加害于人，即偷偷地伤害自己，然后嫁祸于他人，使别人蒙辱或受到重罚，甚至置人于死地，以达到自己的目的。这是一种卑鄙阴谋，一般只用于权位相争者之间。

兵家活用

运用“苦肉计”，必须筹划周密，环环紧扣。“苦肉计”的内涵在于打入敌人内部，取得信任，以便进行离间分化活动。因此，这是一环紧扣一环的隐秘活动。

据《宋史·种世衡传》和《智囊》记载：

西夏皇帝李元昊有两名外号叫“野利王”和“天都王”的心腹爱将。二人凶狠狡诈，各自统管一批精兵强将，经常扰乱边境，危害巨大。宋将种世衡一心想要除掉这两个人，为此谋划了很久。

一次，野利王唆使浪里、赏乞、媚娘三人投降种世衡，种世衡知道其中必有诡诈，和将领们商量说：“与其杀了他们，不如利用他们来离间野利王内部。”于是，留下他们做监税官，摆出十分信任的样子。

有一个叫王光信的出家和尚，骁勇善战，又熟悉周边的山川道路。种世衡出兵，经常聘请王光信当向导。王光信带兵捉贼立功，被帅府授予三班之职，担任指挥使，改名为王嵩。种世衡又在生活上对王嵩给予无微不至的支持和帮助。王嵩内心十分感激种世衡。

种世衡又用其他事由为借口，严刑拷打王嵩，给他带枷几十天，王嵩始终没有怨言。

过了半年，种世衡召见王嵩说："我有重要的任务交给你去办，事关重大，不得外泄。以后你吃的苦比你目前所受的还要重，能做到吗？"王嵩深感世衡对自己的知心和信任，哭着答应了。

种世衡草写一封给野利王的信，信中说："浪呈等三人已到朝廷，朝廷明白大王归顺的心意，决定任命你为夏州节度使，月钱万缗。希望你早日归附大宋朝廷。"又将一颗枣系在一幅乌龟画上，送给野利王，暗喻"早归"。然后用油脂、白蜡把信封裹好，缝在王嵩的衣服里。办完这些，王嵩出发前往西夏。

来到野利王营账，王嵩一开始只交出枣和龟。野利王断定必有密信，便向王嵩索要。王嵩坚持说只有枣和龟，没有密信。野利王十分害怕，亲自押送王嵩到李元昊的住处。李元昊追问王嵩书信，王嵩仍说没有。直到李元昊命令将王嵩拖出斩首时，他才拿出信来。李元昊看完信后，怀疑野利王有贰心。于是暗派亲信李文贵假装成野利王的使者和种世衡联系。种世衡亲切接见了使者，进一步向他表明朝廷对野利王宽大的心意，并送给他丰厚的礼品。

李元昊的使者回到西夏，向他汇报自己所经历的一切。李元昊对野利王的背叛坚信不疑，一怒之下把野利王杀了。

除掉野利王后，种世衡也想将天都王除掉，于是在边境设立祭坛，在泥板上刻下祭文，文中叙述西夏两名大将与自己有结交的心意，不料事与愿违，最后失败，所以写下这篇祭文祝祷上苍。祭文与纸钱放在一处，突然遇到西夏兵前来骚扰，种世衡连忙命人捣毁泥板，但泥字一时抹不掉，于是西夏兵拿去呈给李元昊，天都王也因此获罪。

李元昊一时之间损失两名爱将，势力大减，只好与宋议和。

王嵩后来官至诸司使，人们仍然称呼他为“王和尚”。

处世活用

使用苦肉计，对人苦苦哀求，动之以情，这种求人办事的方法十分有用。

宋太宗年间，曹翰因罪被罚到汝州，其间，曹翰苦思返京之策。一天，宫里派了一位使者到汝州办事，曹翰哪里肯放过这个机会？他想办法见到了使者，流着泪对他说：“我的罪恶深重，就是死也赎不清，真不知如何才能报答皇上的不杀之恩，现在我只能在这里认真悔过，来日有机会我一定誓死报效朝廷。只是我家里人口太多，又缺少食物，我这里有几件衣服，请你帮我抵押出去借来一些钱，交给我家里换点粮食，好使家里大小暂且糊口。”

曹翰说到伤心之处越发泪流不止。

使者回宫中如实向太宗做了汇报。太宗拿过包袱打开一看，里面却是一幅画，画名为《下江南图》，画的是当年曹翰奉宋太祖旨意任先锋攻打南唐的情景。

太宗看到此图想起曹翰当年的功勋，心里很难过，怜悯之情油然而生，决定把曹翰召回京城。

第三十五计　连环计

“连环计”就是多计并用，计计相连，一计累敌，一计攻敌，这样面对任何强敌都会攻无不破。

原文

将多兵众，不可以敌，使其自累[1]，以杀其势[2]。在师中吉，承天宠也[3]。

注释

①自累：自相拖累，自相牵制。

②杀其势：减弱、消除敌军凶猛的势头。杀，减弱，削弱，消除。势，势力，势头，气势。

③在师中吉，承天宠也：军中有英明的将帅，指挥就能够巧妙得当，让敌人难以预测，用兵作战犹如受到天神相助一样。

译文

敌军将多兵众，不能与之硬拼，应当运用谋略，使他们自相牵制，以削弱他的力量。将帅靠指挥巧妙得当，用兵如神，获取胜利如同有天神相助一样。

按语

庞统使曹操战舰勾连，而后纵火焚之，使不得脱。则连环计者，其结在使敌自累，而后图之。盖一计累敌，一计攻敌，两计扣用，以摧强势也。如宋毕再遇尝引敌与战，且前且却，至于数四。视日已晚，乃以香料煮黑豆，布地上。复前搏战，佯败走。敌乘胜追逐。其马已饥，闻豆香，乃就食，鞭之不前。遇率师反攻，遂大胜。皆连环之计也。（《历代名将用兵方略·宋》）

谋略精解

所谓连环计，顾名思义，就是一种多步骤或多环节的计谋，即计中有计，多计并用，计计相连，环环相扣。一计用来累敌，一计用来攻敌，这样即使智谋再高、力量再强的敌人都能被制服。

战场形势复杂多变，在对敌作战时使用计谋，是每个优秀指挥员所追求和依赖的。而双方指挥员往往都是有经验的老手，只用一计，很容易就会被对方识破。相反，一计套一计，计计连环，不但能迷惑敌人，而且能收到很好的效果。

因此，“连环计”旨在用巧妙的方法拖累敌人，给敌人造成包袱，让其失去行动自由，不战自乱，进而达到减弱其力量，而我方或乘机进攻，或乘机撤退的效果。

而“连环计”的运用，最重要的就是布局。只有布局周密完整，没有破绽漏洞，才能完美地施展。如果其中一环或一计出现问题，就很有可能造成牵一环而动全局、缺一计而弃前功的不良后果。因此，只有那些思虑周到、组织能力强、能将主客观因素充分结合起来的运筹者，才不会因百密一疏而导致功亏一篑。

在使用连环计时应把握如下要点。

一是将各环有机地联系起来。单一的计谋往往无法达到预期的目标，而运用“连环计”正好可以弥补这一缺憾。各计谋之间相辅相成，便可做到一条计策失败，另一条计策马上接着实施，不让行动被迫中止。

二是掌握各环的特点，将其组合成一个有机整体。任何奇谋妙计，都需要有相应的条件作为基础。计谋讲求连贯、配套，有系统性和系列性。如果胡乱搭配，只会造成“驴唇不对马嘴”的滑稽下场。最后也只会以失败告终，而收不到出奇制胜的效果。

三是巧使敌人“自累”，以耗其力。让敌人“自累”是此计谋的关键，即在敌人内部制造矛盾，并扩大或激化他们之间的矛盾，使得其内部发生变乱，产生内耗，进而虚弱其力量。让敌“自累”，有其固有的优势，不但方便省力，而且对敌人的破坏性极强，效果极佳。

四是以利诱敌，予以重负。当我们不能在敌人内部制造矛盾使其“自累”时，就要根据敌人贪利的心理特点，主动为其准备某些利益，让他们为了捞取利益而干扰或破坏掉原来的行动计划；或使其紧紧抓住的这些利益，留而无用，弃而可惜，成为他们难以卸掉的大包袱，让他们难以发挥自身的优势。

兵家活用

“连环计”之巧，在于巧施计谋，使敌人自相牵制；“连环计”之高，在于接连用计，计谋迭出，计中有计，环环相扣，让对手防不胜防。

公元211年，马超、韩遂举兵反叛曹操，杀奔到关中重镇潼关。七月，曹操领兵前来平叛。

曹操屯兵在潼关附近后，便做出一副强攻的架势，暗地里却派大将徐晃、朱灵趁夜偷渡蒲阪，在西河扎起了营寨。随后，曹操引兵渡河北上，占据了渭口，并多设疑兵，把兵力偷偷运过河，集结于渭地。

曹操命令士兵挖掘甬道，设置鹿砦，做出防守的样子。马超多次率兵挑战未能成功，再不敢轻易发动进攻，最后不得不请求割地讲和。曹操听从贾诩的规劝，假装同意了马超的求和条件。

此时，韩遂前来求见曹操。韩遂与曹操本是同年孝廉，又曾于京中一起供职。韩遂此行的目的就是游说曹操退兵，曹操却故意装傻，与他只言当年旧事，抚手欢笑。马超得知韩遂与曹操相谈甚欢后，不免对韩遂起了疑心。

几天后，曹操送给韩遂一封多处被涂改过的书信，这让马超的疑心更大了。而就在马超对韩遂处处防备之时，曹操突然对马超发动了大规模进攻。先是轻兵挑战，而后以重兵前后夹击，最终使得马超、韩遂大败。

战斗胜利后，有人向曹操询问作战策略。曹操说："敌人把守潼关，我若进入河东之地，敌人必然会引军把守各个渡口，那样的话我们就无法渡过西河。因此，我先把重兵调集到潼关，吸引敌人调全部兵力来守。这样，敌人在西河的守备就势必空虚，徐晃、朱灵才能够得以轻易渡河。我在率军北渡时，因徐晃、朱灵已占据了有利地形，敌人便不敢与我争西河。过河之后挖掘甬道，设置鹿砦，坚守不出，不过是假装示弱，以骄敌人之兵而已。待敌人求和时，我假意许之，让敌人不做防备。而我军一旦发动进攻，敌人便会丢盔卸甲，无力抵抗了。用兵讲究变化，不能死守一道。"

从曹操的这段故事里我们可以看出，在平定马、韩之乱中，曹操先后用了"暗度陈仓""反间计""调虎离山""欲擒故纵"等计策。可见，曹操是一位"连环计"的运筹高手。

处世活用

日常生活中，“连环计”常常会上演，骗子的目的也往往不只是以下这则故事中的一双鞋子而已。因此，人们要时时谨防这类把戏发生在自己的身上。

一位富翁穿着一双精致的刺绣新鞋走在大街上，走着走着，前面忽然走来一个人，不仅向他鞠躬，还与他握手寒暄起来。富翁心里感到纳闷，便说：“先生，我好像不认识你啊。”

那人听了，蹙眉道：“你今天穿了一双新鞋，就把朋友忘了啊。”

说完，他熟不拘礼地抓起富翁的帽子，把它扔到屋顶上，转身便走了。

富翁心里想：“这个人是有毛病还是酒喝多了？莫名其妙的。”

正当他想着怎么才能把帽子取下来的时候，迎面来了一个人，说：“你是要拿帽子吗？”

“是的，可是我找不到梯子，没有办法上屋啊。”

“我来帮你，你踏着我的肩膀上去就可以了。”

富翁听后感激万分。于是，那人挨着墙边蹲了下来，富翁提起脚便准备上去。

“你也太性急了，你的帽子宝贵，我的衣服也宝贵。”那人不快地说。

富翁听了觉得很不好意思，连忙将鞋脱去，踏在那人肩上爬了上去。

当富翁马上就要爬到屋顶中央取帽子时，那人却匆匆拿着他的新鞋走掉了。富翁干着急却下不来，只好眼睁睁地看着新鞋被人拿走。

显然，富翁是中了骗子的“连环计”。骗子先以“声东击西”的方法，将富翁的帽子扔至屋顶，然后又以“上屋抽梯”的办法把富翁骗至屋顶，趁着机会拿了新鞋便扬长而去。

第三十六计　走为上

当敌人具有压倒性的优势，而我方没有把握取得胜利的时候，只有投降、和谈与退却三条路可走。投降是全面的失败，和谈则是失败了一半，而退却并非失败，且是转为胜利的关键。

“走”是最低的姿势，却是最高的战法。一般来说，“走”是最后之计，却也是最高之策。肤浅地看三十六计之中的“走”，确实具有“与其卖弄小聪明，倒不如退为佳”的感觉，但这并不影响此计的成功使用。

原文

全师避敌[①]。左次无咎，未失常也[②]。

注释

①全：保全，保存军事实力。师：古代兵制，2500人为师。

②左次无咎，未失常也：古时兵家尚右，因此右为前，指代前进；左为后，指代退却。此句意为，根据实际情况，让部队后撤，这是没有过失可言的。以退为进，有时不失为常道。

译文

全军退却，避开敌人，以退为进，待机破敌，这不违背正常的用兵法则。

按语

敌势全胜，我不能战，则必降、必和、必走。降则全败，和则半败，走则未败。未败者，胜之转机也。如宋毕再遇与金人对垒，度金兵至者日众，难与争锋。一夕拔营去，留旗帜于营，豫缚生羊悬之，置其前二足于鼓上，羊不堪倒悬，则足击鼓有声，金人不觉为空营。相持数日，乃觉，欲追之，则已远矣。（《战略考·南宋》）可谓善走者矣！（佚名）

谋略精解

“走为上”的意思并不是说此计在三十六计中是最高明的计谋，而是说当处于劣势时不要硬拼，及时撤退，寻找时机再战才是上策。这种“走”和“逃”是不能相提并论的。“走”是在敌强我弱的形势下，保存实力，主动撤退。“逃”则是胆小怯懦，稍遇挫折便丧失斗志，望风而逃。

而“走”之所以是良策，是因为在寡不敌众时，往往只有几种选择：或求和，或降服，或死搏，或撤退。而这些方案中，求和必然要妥协；降服势必丧失节操；死搏注定牺牲；唯有撤退可以保全自己，保证日后可以卷土重来，这是最佳选择。

无论哪一种战斗，文也好，武也罢，谁都不会有必胜的把握。在战斗过程中的小胜小败、若隐若晦状态以及瞬息万变之势，不机警便无以应对，不变通就不能达权。众人皆知，战争中要争取的并非一时的得失，而是最终的胜利。而最终的胜利往往属于能坚持到底的人。所以，“不走”并非英雄，“走”也并非懦夫。

在运用此计时应注意以下问题。

一是千万别拿鸡蛋和石头碰。敌人实力强大而我方实力虚弱时，敌我双方的较量就如同石头碰鸡蛋。如果死拼，我们必然会头破血流，而敌人则不会受太大的损失。既然如此，我们何苦要损兵折将呢？不妨索性来个大撤退，留住实力，以备东山再起。

二是要知难而退，不可一味莽撞。这里的知难而退，不是主张消极应对，不是让我们一遇到困难就缩手缩脚，而是一旦发现事情实在做不成，就不要硬着头皮去做，要见机而动，及早放弃，不白白浪费时间和精力，即“见可而进，知难而退”，“知其不可为而不为”。也就是要按客观规律办事，不可不顾实际情况，一气乱闯。

三是要把握时机，急流勇退。在与敌人作战时，要善于观察战机，做到进退自如。战场如此，官场亦如此。然而，要做到急流勇退并非易事。它不但要求我们要果断行事，还要有极大的勇气和魄力。更重要的是，我们要能够克服自身的弱点，割舍得掉既得的利益，而后选择适当的时机，从容“走”掉，让敌人捕捉不到我们的踪迹。

四是要分散敌人的力量，以退为进，各个击破。我们应清楚地认识到撤退并不是最终的目的，退却是在为下一轮的进攻做准备。这里的“走”通常有两种情况：一种是如前面所述，我方没有能力与敌人对抗，以“走”避之，保存实力；而另一种情况，主要并不是因为力不可支，而是出于引诱和调动敌人的考虑，以迂为直，通过伪装的退却，诱敌深入我们事先设计好的包围圈，然后各个击破，最终以少胜多。因此，这种退却是制造一种惧怕敌人的假象，迷惑敌人，进而将其麻痹。

兵家活用

“走为上”将以退为进、知难而退、急流勇退作为手段和途径，因此必须真正做到“知难”“会退”“敢于和善于退”。

1940年5月，希特勒集中了136个师，3000辆坦克和几千架轰炸机，一下子将英法联军围困在了法国北部的一个名为敦刻尔克的小海港。5月24日，古德里安将军给希特勒发来了一封紧急电报。电报上说：德军已经到了离敦刻尔克只有20英里的运河，比利时军队、英国远征军的9个师、法国第一军团的10个师全部被包围了。我和莱因哈特将军的装甲部队已经在阿运河上建立了5个桥头堡。从东北方向上推进过来的德军第六军团和第十八军团，将形成有力的夹击，从而彻底消灭他们。

这一天，美国驻英国大使肯尼迪向罗斯福总统发去了一封电报说：“一切都不可挽回了，只有奇迹才能拯救英国远征军免于全军覆灭。”罗斯福总统看着这份电报，半天没有说出话来。

这一天，英国首相丘吉尔也同样无能为力，他所能做的事情，只有用力咬自己的烟斗，以掩饰自己内心的沮丧。

5月24日，德军最高统帅部发来了命令，命令坦克部队停在运河一线，不要向前推进。这道命令古德里安一连看了好几遍，这一回他不明白元首是怎么想的了。

丘吉尔很快就知道了希特勒的这一道命令，他也是弄不明白这到底是什么战术，不过他的反应还是非常快的，他立刻通知海军部，马上征集全国的船只，将联军运过英吉利海峡。

5月26日晚上6时57分，英吉利海峡上空布满了浮云，淡一块浓一块，天空如一块铁，正向地面下沉，灰色的云在空中疾行，掠过群山和河流，在海面上停住了。

全英国都接到了一道来自海军部的命令：“执行发电机计划。”这是联军敦刻尔克大撤退的代号。对许多历史学家来说，这真是一次伟大的“发电”。

在夜幕之中，联军出动870多艘船，其中法国出动了300多艘，从巡洋舰、驱逐舰到各种小帆船和划艇，从皇家的豪华游艇到肮脏的垃圾船。有人说，英国所有能漂浮的东西，全都去了英吉利海峡。

德军坦克部队的士兵们，趴在他们的坦克上，喝着正宗的法国香槟，他们看着英国人在海上漂呀漂呀，一个个乐得哈哈大笑。

5月27日，英国撤走了7669人。

5月28日，英国撤走了17804人。

5月29日，英国撤走了47310人。

5月30日，英国撤走了53823人。

但是，德国人对此却一无所知。这时德国空军开始出动了，可是英吉利海峡上空一直有浓云飘动，根本无法投弹。就是在这几天，上帝站到了英国这一边。

6月3日深夜，德军开始进攻了，可这时联军已经撤回了346000人，在海滩上抵抗的只有4万法国士兵。古德里安将军发现，向德军投降的法军士兵的脸上都挂着微笑。

6月4日，丘吉尔在下院发表演说：“我们将战斗到底，我们将在海滩上战斗，我们将在登陆地点战斗，我们将在农田和街道上战斗，我们绝不投降。我相信，今天敦刻尔克的撤退，将是明天胜利的开始！”

1944年6月6日，盟军在法国的诺曼底登陆，开辟了第二战场。在敦刻尔克撤退的35万英法军队成了作战的主力。

第二次世界大战之后，英国当选的首相几乎都是从敦刻尔克撤退回来的官员。在大选时，他们大声地疾呼：“公民们，当英国处于危难的时候，你们想知道我们在哪里吗？在敦刻尔克的海滩上……”选民只要一听到竞选者是从敦刻尔克撤退归来的，就会果断地为其投上一票。

因此，历史学家说，这不是一次普通的撤退，而是一次伟大的撤“走”，因为，这一撤撤出了整个英国的未来！

敦刻尔克大撤退是成功的，它保存了盟军仅有的生力军，许多法国飞行员及时弥补了随后的英德空战中英军飞行员数量的不足，与英国人民携手对德军予以了抗击。在1944年6月开辟第二战场时，也正是这30余万盟军士兵，成为诺曼底登陆的主力军，为扭转战局做出了重要的贡献。

这次敦刻尔克大撤退之所以会有这么重要的作用，是因为丘吉尔深刻认识到了人在战争中所具有的绝对优势。在己方强攻无力而又固守不能的形势下，做出了有计划地组织撤退抉择，牢牢抓住了不可多得的有利时机，保全了力量，为日后的卷土重来打下了良好的基础。

处世活用

“走为上”是一种以退为进的制胜谋略。

在古罗马一场惊险的群体角斗比赛中，沦为角斗士的斯巴达克斯所在的群体只剩下了他一个人，而对方还有三人。三对一，尽管斯巴达克斯个人武艺非凡，但对方仍占有绝对的优势。如果三位强敌共同进攻，他将有战败丧命的危险。

此时，观看角斗的人们都不禁为斯巴达克斯捏了把汗。突然，让人意想不到的事情发生了：只见斯巴达克斯瞅准了个空子，撒腿就跑，而对方三位斗士都立刻转身在其后紧追不舍。

由于所处的位置不同，心理准备不同，跑的速度也不同，四个人很快便拉开了距离。这就造成了让斯巴达克斯一个一个对抗对手的有利局势。斯巴达克斯迅速反身战斗，一下子便打倒了第